Französisch für Besserwisser II

Hans-Rudolf Hower

Französisch für Besserwisser II

Zwischen Saurierpark und Zukunftsmusik

Schmetterling Verlag

Bibliografische Informationen der Deutschen Nationalbibliothek. Die Deutsche Nationalbibliothek verzeichnet diese Publikation in der Deutschen Nationalbibliografie; detaillierte Daten sind im Internet über http://dnb.d-nb.de abrufbar.

Schmetterling Verlag GmbH
Lindenspürstr. 38 b
70176 Stuttgart
www.schmetterling-verlag.de
Der Schmetterling Verlag ist Mitglied von aLiVe.

ISBN 3-89657-356-X
1. Auflage 2014
Printed in Poland

Titelbild und Illustrationen: Lena Hofhansl
Satz und Reproduktionen: Schmetterling Verlag
Druck: Sowa, Warszawa

C'est une langue belle à qui sait la défendre
Elle offre les trésors de richesses infinies
Les mots qui nous manquaient pour pouvoir nous comprendre
Et la force qu'il faut pour vivre en harmonie

Yves Duteil, La langue de chez nous

Für alle, die mit ihren Fragen und Anregungen sowie ihrer Geduld mit dem Autor zur Entstehung dieses Buches beigetragen haben, insbesondere meine Frau Danielle und unsere Kinder und Enkel sowie die Testleser Estelle Hower-Tilmann (unsere älteste Tochter), Barbara Massion, Beate Schmidt, Ilse & Edmond Bibes und – last but absolutely not least – Werner Brock.

Inhalt

Einführung

Mit diesem Buch möchte ich Sie dazu verführen, sich Ihrer Lieblingsfremdsprache so weit zu nähern, dass Sie einerseits ihre unter der Decke verborgenen Schönheiten entdecken und andererseits einige ihrer zum Teil seit Jahrhunderten unter den Teppich gekehrten Probleme begreifen können. Wenn das gelingt, werden Sie schöne Stunden mit ihr verbringen. Allerdings wird das eine Reise werden, die uns von einem sprachlichen Saurierpark über die real existierende Gegenwart bis in die Sphären einer nicht immer harmonischen Zukunftsmusik führt.

Falls Ihnen beim Französischen einige Dinge spanisch vorkommen, dann haben Sie in doppeltem Sinne recht. Einerseits sind da Dinge, die höchst merkwürdig aussehen und auch gern mal gegen alle Ihnen bekannten Regeln verstoßen, und andererseits gibt es Phänomene, die Ihnen, wenn Sie Spanischkenntnisse haben, irgendwie bekannt vorkommen. Erstere sind oft sprachliche Saurier, das heißt erhalten gebliebene Reste einer früheren Entwicklungsstufe des Französischen, geschichtliche Erinnerungsstücke, an die sich keiner mehr recht erinnert, oder auch mehr oder weniger gut ans Französische angepasste Anleihen von anderen Sprachen. Letztere weisen darauf hin, dass das Französische genau wie das Spanische als eine der vielen Tochtersprachen des Lateinischen entstanden ist. Diese Töchter, die man romanische Sprachen nennt, haben einen großen Bestand an Gemeinsamkeiten untereinander und mit ihrer Mutter.

Der sprachlichen Zukunftsmusik werden wir ebenfalls auf Schritt und Tritt begegnen, denn wirkliche oder wahrscheinliche zukünftige französische Ausdrucksweisen machen uns heute schon (oder noch) das Leben schwer. Wir werden also immer wieder auf Entwicklungstendenzen der heutigen französischen

Sprache stoßen, zu denen es durch eine Art sprachlicher «Avantgarde» kommt. Diese «Avantgarde» entsteht jedoch typischerweise erst einmal in einer bestimmten Gegend (in Frankreich ist das meist die Ile-de-France mit dem Zentrum Paris) und/oder in gewissen Kreisen der Bevölkerung (Jugend, Studenten, Experten, Salonlöwen, Medien usw.), während der Rest der Bevölkerung und vor allem die tonangebenden Institutionen (*Académie française*, Universitäten, Schulen, Arbeitgeber) auf dem bisherigen Sprachstand verharren. Achten Sie daher bitte bei «avantgardistischen» Ausdrucksweisen sehr darauf, in welcher Form Sie diese im Gespräch mit wem verwenden. Natürlich bewegen wir uns da in einer absoluten *No-go-Area* für Schule, Studium und Bewerbungsschreiben, ganz zu schweigen von dem allgemeinen Problem, dass ein *native speaker* es nicht immer gern sieht, wenn ein Ausländer sich so ausdrückt, wie es eigentlich nur von einem Inländer erwartet wird. Im Zweifel sollten Sie immer die Standardformulierung vorziehen. Das gilt nicht nur fürs Französische, sondern auch fürs Spanische und jede beliebige andere Sprache!

Dieses Buch ist streckenweise ein unzeitgemäßes, denn die geschichtliche (diachronische) Betrachtung der französischen Sprache wird heute meines Erachtens weit unter Wert verkauft, wenn sie überhaupt noch auf dem Markt zu finden ist. (Muss denn alles unmittelbar für Studium und Beruf oder auch nur die nächste Prüfung verwertbar sein?) Natürlich gibt es die großen etymologischen Fachwörterbücher. Aber wer liest die? Haben Sie selbst sich schon einmal durch einen der gelehrten Artikel des auf Bibelpapier gedruckten, zwei dicke Bände umfassenden ROBERT oder auch nur des viel dünneren, einbändigen DAUZAT gekämpft? Langweilig? Unverständlich? Schwer verdaulich? Einverstanden, aber nicht immer! Sprachgeschichte kann so manches Aha-Erlebnis und ein tieferes Verständnis des sprachlichen Geschehens vermitteln – und das Durchkämmen des Saurierparks der Sprache kann sogar Spaß machen! Man kommt sich manchmal vor wie in einem Krimi. Auch das will ich mit dem hier vorliegenden Buch zeigen.

Naturgemäß ist dieses Buch nicht wirklich für Französisch-Anfänger geeignet. Ein gutes Grundwissen von dieser Sprache erleichtert deutlich den Lesegenuss. Denn um den geht es, auch wenn Wissenszuwachs nicht ausgeschlossen ist. Das Buch soll kein didaktisches Werk, sondern ein nicht ganz unnützes Vergnügen sein.

Ein einzelnes Buch kann natürlich nicht alle Besonderheiten und Merkwürdigkeiten der französischen Sprache auf einmal abhandeln. Mit viel Mut zur Lücke habe ich daher eine einigermaßen repräsentative Blütensammlung angelegt und stelle sie Ihnen hiermit vor.

Im Saurierpark

Die Tore des sprachlichen *Jurassic Park* stehen weit offen, so dass viele überlebende Saurier noch quicklebendig unter uns weilen – oder dahinvegetieren. Manche davon sind Elemente eines früheren Entwicklungsstandes der französischen Sprache, andere bestehen aus historisch bedingten Ausdrücken und Wendungen, und wieder andere entstanden durch Rückgriffe aufs Lateinische. Und dann sind da noch die Ausdrücke, bei deren Entwicklung etwas schiefgelaufen ist, so dass sie jetzt etwas verwachsen daherkommen.

Elemente eines früheren Sprachstandes

Naturgemäß fallen in dieser Rubrik vor allem solche Elemente auf, die auf dem Stand des Altfranzösischen verharren oder diesem sehr nahe stehen. Ein Spaziergang im Saurierpark ist also angesagt. Dafür brauchen wir aber als Minimalausrüstung etwas Einsicht in die altfranzösische Deklination.

Das altfranzösische Zwei-Fälle-System

Das altfranzösische Deklinationssystem hatte die sechs lateinischen Fälle[1] auf ganze zwei reduziert, nämlich den *casus rectus* (*cas sujet*, Rolle: Subjekt und Anrede) und den *casus obliquus* (*cas régime*, alle anderen Rollen). Dieses System litt an folgenden Schwächen:

1 Nominativ, Genitiv, Dativ, Akkusativ, Ablativ und Vokativ, jeweils Singular und Plural.

- Nur noch zwischen dem Subjekt und der Anrede einerseits und allen anderen Satzteilen andererseits unterscheiden zu können war in manchen Sätzen unzureichend.
- Selbst diese Unterscheidung war problematisch, weil sie nur bei den Maskulina sichtbar war. Bei Feminina gab es nämlich überhaupt keine fallunterscheidenden Formen. Dort unterschied man nur zwischen Singular (ohne *«-s»*) und Plural (mit *«-s»*).[2]
- Auch bei den maskulinen Formen war die Fallunterscheidung schwach ausgebildet, weil der *casus rectus* des Singulars (mit *«-s»*) gleich dem *casus obliquus* des Plurals und der *casus obliquus* des Singulars (ohne *«-s»*) gleich dem *casus rectus* des Plurals war.

Es war also abzusehen, dass dieses System irgendwann zusammenbrechen und einem neuen, nur auf Präpositionen gestützten System Platz machen würde. Was es dann auch tat – aber nicht ohne Reste zu hinterlassen.

À la queue leu leu

Das heute unsinnig wirkende *à la queue leu leu* (im Gänsemarsch) ist ein verballhornter Deklinationsrest aus dem Mittelalter. Heute kann man dafür auch *en file indienne* sagen. Im Altfranzösischen sagte man *a la queue le leu*, was «am Schwanz des Wolfs» oder «wie der Schwanz des Wolfes» bedeutete. Zu der Zeit, in der diese Redewendung entstand, waren die vom Latein ererbten Deklinationsendungen bereits nicht mehr funktionstüchtig, und es gab im Altfranzösischen nur noch die zwei oben genannten Fälle *casus rectus* und *casus obliquus*. In Ermangelung eines Genitivs bildete daher der *casus obliquus* den Besitzer mit *le leu* ab. Die heutige Form der Redewendung, *à la queue leu leu*, zeigt, dass gegen Ende des Mittelalters die altfranzösischen Deklinationsformen nicht mehr verstanden wurden und daher zu sinn-

2 Nach ROHLFS.

verschleiernd geschriebenen Lautmalereien (hier wie in einem Kinderreim) erstarren konnten.[3]

Festtags-, Kirchen-, Straßen- und andere Namen in altem Gewand

Althergebrachten Festtagsnamen wie *la St-Jean* oder *la St-Etienne* sieht man heute nicht mehr an, dass hier ein Deklinationsrest aus dem Mittelalter versteckt ist. Eine korrekte Übersetzung aus dem Altfranzösischen ergäbe nämlich *la fête de St-Jean* oder auch, verkürzt, *celle de St-Jean*. Was heute spontan als eine Art Apposition[4] verstanden wird, war im Altfranzösischen eine *Casus-obliquus*-Konstruktion zur Abbildung eines Besitzverhältnisses (wie unser deutscher Genitiv).[5]

Ähnliches gilt auch für Kirchennamen wie *l'église St-Jean* oder *l'église Notre-Dame*. Eine korrekte Übersetzung aus dem Altfranzösischen ergäbe nämlich *l'église de St-Jean* bzw. *l'église de Notre-Dame*.

Ein eindrucksvolles Beispiel dieser mittelalterlichen Besitzangaben kann man in Tours bewundern. Dort gibt es einen Platz mit dem schönen Namen *Place Foire Le Roi*. Auf Neufranzösisch würde das heißen: *Place de la Foire du Roi*. Weitere Beispiele dieser Art kann man in vielen mittelalterlichen Stadtzentren in Frankreich finden.

Anrede mit mittelalterlichen Überbleibseln

Wenn Anredeformen, auch Eigennamen, zuweilen ein altertümliches Erscheinungsbild haben, hängt das mit dem Deklinations-

---

3 Zur weiteren Geschichte des Wortes: Das alte *leu* ist eine Nebenform zu *lou*. An Letztere wurde das schon im Altfranzösischen verstummte *«p»* des lateinischen *lupu(m)* (Wolf) von etymologiebesessenen Gelehrten später wieder angehängt und führte so zur modernen Form *loup*.

4 Ergänzung im gleichen Fall.

5 Nach Kurt Baldinger ist diese Konstruktion zugleich ein Beweis für die damals noch bestehende demonstrative Kraft des bestimmten Artikels, vergleichbar mit dem heutigen *celui / celle*.

system des Altfranzösischen zusammen. Diese Anreden wurden schon in der lateinischen Volkssprache besonders häufig im Nominativ benutzt. Das ist der Fall, in dem der ausgestorbene lateinische Vokativ, also der eigentliche Anredefall, aufgegangen war und aus dem dann der altfranzösische *casus rectus* entstand, der neue Fall für das Subjekt des Satzes und die Anrede. Das erklärt das Überleben so mancher entsprechender Formen in diesem Bereich. Beispiele (mit ihrem *casus obliquus* in Klammern)[6]: *Charles (Charle)*, *Georges (George)*, *Hugues (Hugon)*, *Jules (Jule)*, *Sire (Seigneur)*[7]. Nur bei Letzterem sind immer noch beide Formen in Gebrauch, allerdings mit verschiedener Bedeutung und – wie im modernen Französisch üblich – ohne Unterscheidung grammatikalischer Fälle.

Bonheur – malheur – heure

Am Anfang dieser Geschichte war nicht das Wort[8], sondern es waren gleich zwei lateinische Wörter, nämlich *hora(m)* (Stunde) und das von *augur* (Vogeldeuter) abgeleitete *auguriu(m)* (Voraussage, Weissagung).

Hora(m) wurde auf dem Weg zum Altfranzösischen ganz normal zu *ore*[9], doch wurde das *«o»*, weil es in einer offenen Silbe stand, zu *«eu»*, und bereits um 1150[10] wurde das lateinische *«h»* etymologisierend wieder eingefügt, obwohl es nicht ausgesprochen wurde, was alles in allem zu *heure* (Stunde) führte. Die französische Stunde ohne *«h»* hat sich allerdings in einigen Wör-

6 Der *casus obliquus* übernahm im Altfranzösischen die Rolle aller Fälle außer Nominativ und Vokativ.

7 *Sire* wurde von den Normannen nach der Schlacht bei Hastings 1066 auch in England eingeführt und lebt noch im heutigen Englisch als *Sir* weiter.

8 Das Johannes-Evangelium beginnt mit den Worten «Am Anfang war das Wort».

9 Das italienische *ora* lässt grüßen!

10 Nach Robert.

tern und Ausdrücken versteckt, die wir uns im Kapitel «Or – und sein verkappter Doppelgänger» näher anschauen werden.

Anders erging es *auguriu(m)*. Mit *augur* – von *ave(m)* (Vogel) – war ein Priester gemeint, der quasi amtliche Schicksalsprophezeiungen verkünden durfte, die er aus Vogelbeobachtungen (Flug, Schrei, Fressen und anderes) gewonnen hatte. Das davon abgeleitete *auguriu(m)* (das in der Volkssprache manchmal sein erstes *«u»* und auf jeden Fall sein *«m»* verlor) bedeutete daher so etwas wie «Schicksal». Da dieses Wort zunächst wertneutral war, versah man es meist mit einem Adjektiv, um klarzustellen, ob es sich um ein gutes (*bonu[m]*) oder ein schlechtes (*malu[m]*) Schicksal handelte. So kam es zur Bildung von zwei Ausdrücken, die bis in die heutige Zeit Verwendung finden: *bonheur* (Glück) – aus lateinisch *bonu(m) a(u)guriu(m)* über altfranzösisch *bon ëur* – und *malheur* (Unglück) – aus lateinisch *malu(m) a(u)guriu(m)* über altfranzösisch *mal ëur*.

Das zugrundeliegende alleinstehende Wort *a(u)guriu(m)* existierte noch im Altfranzösischen (z. B. in den Romanen von Chrétien de Troyes), ging dann aber zugrunde. Robert führt eine einzige Redewendung an, in der das Wort überlebt hat, nämlich *avoir l'heur de plaire* (das Glück haben zu gefallen).

Ansonsten haben nur die Zusammensetzungen und Ableitungen überlebt. Dazu gehören *heureux* (glücklich) – von altfranzösisch *euros* – und das davon abgeleitete *bienheureux* (überglücklich, selig) sowie *malheureux* (unglücklich) – von altfranzösisch *maleuros*.

Sie wundern sich über das grundlos eingefügte *«h»*? Ich auch. Man kann nur vermuten, dass nach Beerdigung – *pardon*: Beendigung – des Mittelalters ein Grammatik-Freak mit guten Beziehungen zur *Académie française* (die gab es ab 1635) der Meinung war, man müsse da unbedingt etwas verbessern. Das war ja die Zeit der dauerhaften amtlichen Verschlimmbesserungen im Französischen. Vielleicht wollte er (damals waren nur Männer zu Gange) dem Wortbestandteil *«eur»* nur mehr Gewicht geben, damit er nicht zur bloßen Wortbildungspartikel degradiert würde. Oder man dachte damals wirklich, dass es sich um eine gute oder schlechte «Stunde» handelte. *Allez savoir!* Falsch, aber erfolgreich!

Carême – eine mittelalterliche Zahl

Im Wort *Carême* (Fastenzeit) verbirgt sich die lateinische Ordnungszahl *quadragesimu(m)* (vierzigster). Das hängt mit der Länge der Fastenzeit zusammen. Was uns zur Gegenfrage führt: Warum heißt dann der vierzigste als Ordnungszahl nicht **carême*, sondern *quarantième*? Antwort: Bei allen französischen Ordnungszahlen außer *premier* und *second* (und Ableitungen davon) hat sich ein einheitliches System durchgesetzt, dessen Einheiten alle auf *«-ième»* enden, und speziell bei den Zehnerordnungszahlen wurden auch die Wortstämme in Anlehnung an die französischen Kardinalzahlen systematisiert. Manche Sprachwissenschaftler sprechen da von den Auswirkungen eines Systemzwangs, andere von der Macht der Analogie.

Das Französische wäre keine menschliche Sprache, wenn es ein vollkommenes System hervorgebracht hätte. Die Ausnahmen *premier* und *second* zeigen, dass dem nicht so ist. Aber *second* schwächelt schon, denn es wird von dem mit dem neuen System konformen *deuxième* zunehmend in die Sonderbedeutung «zweiter und letzter» abgedrängt. Wer *au deuxième étage* wohnt, hat heute in den Augen vieler Franzosen mindestens ein weiteres Stockwerk über sich, während jemand, der *au second étage* lebt, im obersten Stockwerk wohnt.

Völlig in Sonderbedeutungen abgedrängt wurden alle anderen noch existierenden Nachkommen der originalen lateinischen Ordnungszahlen.

Die männliche Form *tiers* lebt als «Drittel» weiter, während die dazugehörige weibliche Form *tierce* als Dreikartenkombination in Kartenspielen und in der Terz der Musik zwei lebensrettende Nischen gefunden hat. Beide Formen leben weiter in den (gleichbedeutenden) juristischen Ausdrücken *un tiers* (ein Dritter) und *une tierce personne* (ein dritte Person).

Quart hat sich weitgehend auf die Bedeutung «Viertel» und Ableitungen davon zurückgezogen, zum Beispiel *quartier* (Wohnung, Stadtviertel, Quartier), *quartiers généraux* (Hauptquartier), *quart d'heure* (Viertelstunde), *quatre heures moins le quart, cinq heures et quart*[11]. Nur die Musiker und die Kartenspieler kennen noch die weibliche Form *quarte* für eine Quarte.

Das männliche *quint* kennt man nur noch wegen *Charles-Quint* (Karl V.), doch die dazugehörige weibliche Form *quinte* hat in der Alltagsmedizin als *quinte de toux* (Hustenanfall) und in der Musik als *quinte* (Quinte) gute Überlebenschancen. Kaum wiederzuerkennen ist es in *quintessence* (Quintessenz).

Von der *sexte* über die *septime* und die *octave* bis zur *none* spielt nur noch die Musik die erste Geige.

In Texten über das Klosterleben können mit den weiblichen Formen dieser alten Ordnungszahlen auch die Bezeichnungen von (Gebets-)Stunden des Tages und der Nacht gemeint sein.

Or – und sein verkappter Doppelgänger

Wenn Ihnen bei diesem Wörtchen etwas spanisch vorkommt, dann haben Sie sicher an das nicht nur von Sportlern heiß begehrte Edelmetall gedacht. Schon die alten Römer schätzten es, die Spanier – die es *oro* nannten und immer noch nennen – brachten seinetwegen Tod und Verderben über die Völker der Neuen Welt, und es trat bereits im 11. Jahrhundert[12] in der heute noch gelten-

11 Mag sein, dass Ihnen bei *cinq heures et quart* das Messer in der Tasche aufgeht, weil Sie in der Schule *cinq heures un quart* gelernt haben – wie ich auch. Aber ich kenne heute in meinem sozialen Umfeld keinen Franzosen – und auch keine Französin – mehr, der oder die *cinq heures un quart* sagt. Habe ich etwa das falsche Umfeld?

12 Nach Robert.

den sprachlichen Form in die französische Literaturgeschichte ein. Aus lateinisch *auru(m)* wurde französisch *or* (Gold).

Die frühe Schreibung mit *«o»* zeigt, dass bereits damals die Aussprache des Doppellauts */au/* zu */o/* vereinfacht worden war. Dass außerdem die lateinische Endung *«-u(m)»* im Altfranzösischen verschwand, entspricht der allgemeinen Regel.

Soviel zur metallischen Seite des Wortes. Es verfügt jedoch auch über eine rein sprachliche Seite, die von lateinisch *(h)ora(m)* (Stunde) abgeleitet wurde und wie das Metall ein Wörtchen *or* ergab. Davon finden Sie Spuren bei den Spaniern und etwas mehr bei den Italienern, aber die Franzosen haben geklotzt, statt zu kleckern. Die saurierhafte Zeitbestimmung *or* lebt noch und hat viele Nachkommen gezeugt, wie Sie hier sehen: *or* (und da, da aber), *alors* (damals, dann), *alors que* (während), *dès lors* (seitdem), *jusqu'alors* (bis dahin, bis zu diesem Zeitpunkt), *lors de* (anlässlich, bei), *lorsque* (als, wenn), *dorénavant*[13] (von nun an, ab sofort), *désormais*[14] (von nun an), *d'ores et déjà* (bereits, schon jetzt).

Jetzt schlägt die Stunde der «Stunde», denn sie steckt in allen diesen zeitlichen Ausdrücken.[15]

Etymologie – nur für Neugierige

Am Anfang stand die aufkommende Gewohnheit, das lateinische Substantiv *hora(m)* (Stunde) als Zeitadverb zu verstehen,

---

13 Lassen Sie sich von Zusammenschreibungen nicht einschüchtern! Zerlegen Sie komplexe Ausdrücke in ihre Einzelteile. So kommen Sie hier zu **d'or en avant* (was in dieser Form heute natürlich nicht existiert – daher der Stern – aber ungemein das Verständnis für die Entstehungsgeschichte fördert).

14 Hier ist auch ein einsames Denkmal für die Steigerung mit lateinisch *magis* (mehr) enthalten. Ansonsten gehört das Französische ja zu den mit *plus* steigernden Sprachen.

15 Im Folgenden versuche ich die etwas zu expertenlastige Diskussion der einschlägigen Wörterbücher (vor allem ROBERT und DAUZAT) auseinanderzuklamüsern, mit meinem Studienwissen abzugleichen, weitestmöglich zu vereinfachen und zu ordnen.

im Sinn von «jetzt, zu diesem Zeitpunkt». Das konnte mit Artikel (*l'or* > *lor*) oder ohne Artikel *(or)* geschehen. Es konnte außerdem die Präposition *a*[16] davorgestellt werden *(alor)*. Und dann kam die fränkische Adverbienbildung auf *«-s»* daher, die alles verfremdete. Das meine ich jedenfalls, und ich stehe damit nicht allein.[17] So entstanden *alors, lors*, *ores* und was so alles dazugehört.

Lassen wir die weitere Detaildiskussion, denn mit dem Rüstzeug der obigen sprachgeschichtlichen Erläuterungen können Sie diese Ausdrücke bereits viel leichter verstehen.

Jetzt werden Sie sich fragen, warum all diese Ausdrücke anders geschrieben und gesprochen werden als das Wort *heure*, das doch vom gleichen lateinischen Wort *hora(m)* abstammen soll. Dazu kann ich sagen, dass – neben der fränkischen Adverbienbildung – der zur Zeit der Differenzierung dieser Ausdrücke noch existierende Wortakzent den Unterschied macht. *Heure* kommt von der <u>betonten</u> altfranzösischen Form des Wortes, während die abgeleiteten obigen Ausdrücke als <u>unbetonte</u> Satzelemente fungierten und entsprechende Formen annahmen. Im heutigen Französisch mit seiner variablen «Paketbetonung» gibt es diesen Unterschied nicht mehr, aber die alten Formunterscheidungen sind erhalten geblieben.

Rien – die nichtige Sache

Das Wort *rien* existiert im modernen Französisch nur noch als Verneinungspartikel mit der Bedeutung «nichts» und in deren wenigen Ableitungen. Es stammt aber von dem lateinischen Substantiv *rem*[18] (Sache, etwas).

---

16 Oder der expressive Laut *«a»*, da streiten sich die Gelehrten.

17 Vergessen wir nicht, dass das heutige Frankreich damals zum Frankenreich gehörte und dass die Franken ihre sprachlichen Duftmarken hinterlassen hatten. Diese Adverbienbildung gibt es noch im modernen Hochdeutsch. Beispiele: vollends, wenigstens, eilends, übrigens, erstens, letztens, rittlings, bäuchlings. Siehe auch das Kapitel «Ehemalige Adverbien auf *‹-s›*».

18 Von dem zur E-Deklination gehörenden Wort *res* (Ding, Sache), das auch im lateinischen Ausdruck *res publica* (*république*, wörtlich: öffentliche Sache) steckt.

Dass hier ein Wort mit positivem Inhalt in Verbindung mit *ne* als Negation verwendet wird, ist im Französischen gang und gäbe, wie wir im Kapitel «Verneinung durch Bejahung» sehen werden.

Verwendungen: *un presque rien* (eine Klitzekleinigkeit)[19], *rien du tout* (gar nichts), *rien de rien* (absolut nichts, aber auch gar nichts)[20], *Cette robe m'est un rien trop grande.* (Dieses Kleid ist mir ein klein bisschen zu groß.), *Rien qu'à y penser j'en frémis.* (Beim bloßen Gedanken daran schüttelt es mich.), *Trois fois rien c'est déjà quelque chose.*[21] (Drei mal nichts ist schon etwas.), *Je ne regrette rien ...*[22] (Ich bereue nichts.)

Etymologie – nur für Neugierige

In *rien* hat ein uralter lateinischer Deklinationsrest überlebt. Was heute als unerklärliche Sonderform wirkt, ist allerdings auf völlig regelkonforme Weise entstanden. Wie bei jedem normal deklinierbaren französischen Wort üblich, entstand aus dem lateinischen Akkusativ *rem* ein altfranzösischer *casus obliquus*[23], der dann als einzige, fallunabhängige Singularform bis ins Neufranzösische weiterlebte. Die «unregelmäßige» Form *rien* kam nur dadurch zustande, dass *rem* einsilbig war und deshalb nicht sein Endungs-m verlor, das mit dem betonten Wortstamm verschmolzen war. Und ein *«m»* am Ende eines Wortes wurde im Altfranzösischen, wenn es nicht ganz verschwand, regelmäßig zu einem (nasalierten) *«n»*.

---

19 Aber: *le néant* (das Nichts), auf Formularen: «entfällt» oder «nicht zutreffend».

20 Wenn ein Franzose in Rage gerät, kann er da auch schon mal die Diphthongierung in der Aussprache weglassen. Das klingt dann so: *Et qu'est-ce que j'ai eu comme augmentation de salaire? Rin de rin!*

21 Von Raymond Devos (1922–2006).

22 Von Edith Piaf (1915–1963).

23 Das ist der Fall, der im Altfranzösischen die lateinischen Fälle Genitiv, Dativ, Akkusativ und Ablativ ablöst.

Seid umschlungen, Millionen

Diesen Vers aus Beethovens *Ode an die Freude* verstehen wir Heutigen oft falsch, d. h. in unserem Sinne richtiger als die Leute damals, weil wir noch unter dem Schock der sogenannten Finanzkrise stehen. Man könnte das Zitat auch umdichten in «Seid verschlungen, Millionen» – und wäre damit noch näher an der Wahrheit.

Mag sein, dass Ihnen französische Millionen *(millions)* spanisch vorkommen, doch stammen sie aus Süditalien. Das damals hochmoderne Banken- und Finanzsystem von Friedrich II. lässt grüßen – nein, das ist nicht der Alte Fritz, sondern der gleichnamige vom 12./13. Jahrhundert, der besser Italienisch als Deutsch redete! Natürlich erscheinen mehrere Millionen in einer Zeit, in der leicht mal Hunderte von Milliarden (Euro, keine Drachmen!) verschleudert werden, wie ein nettes kleines Sümmchen, und das würde die sich rein innerfranzösisch anbietende Interpretation von *million* als *petit mille* fast rechtfertigen (analog zu *aiglon* für *petit aigle*).

Aber wie schon gesagt, kommen die Millionen aus Süditalien – nein, natürlich nicht die Millionen, sondern nur das Wort dafür! Noch dazu stammen sie aus dem Hochmittelalter, als eine Million noch viel wert war. Dazu passt, dass im Italienischen die Endung *«-one»* keine Verkleinerung, sondern eine Vergrößerung bewirkt (auch heute noch), und so kam das Französische zu einer Reihe von Wörtern, zum Beispiel *million*, *billion*, *trillion* e compagnia cantante[24], die bis heute eine Eigenheit der italienischen Wortbildungslehre mit sich herumschleppen. Millionen wiegen ja bekanntlich umso schwerer, je weniger man davon hat.

Auch wenn die Banker uns eher das letzte Hemd als die Hosen ausziehen, kommen wir hier nicht um das Thema Unterhosen herum. Denn die lange Unterhose, die auf Französisch

24 Deutsch: und Gesangverein. Verzeihen Sie mir diese Anspielung auf den umwerfend komischen Italien-Roman *Avanti la musica* von Exbrayat (original auf Französisch).

caleçon heißt, kann meines Erachtens[25] nur von Italien kommen, sonst wäre sie nämlich erstens zu *chausson* geworden, und sie wäre zweitens eine kleine Hose. Denn *«-on»* zeigt ja im Französischen eine Verkleinerungsform an.[26] Daher muss man meines Erachtens die lange Unterhose mit den Millionen, Billionen, Trillionen usw. in denselben – italienischen – Sack stecken. Man kann den Beweis auch über das Gegenteil führen, denn das französische Wort *chausson* gibt es ja wirklich, und zwar in der Bedeutung «Hausschuh». Zunächst, im 12. Jahrhundert, war damit aber eine Art Strümpfe gemeint, die man unter die Schuhe anzog, und später, ab dem 17. Jahrhundert, bezeichnet man damit leichte Sportschuhe für das *jeu de paume* und das Fechten.[27] Da «leicht» mit «klein» zu assoziieren ist, steckt in *chausson* das bekannte französische Verkleinerungssuffix *«-on»*. Also hat dieses Wort nichts mit Italien zu tun. Was zu beweisen war!

Historisch oder literarisch bedingte Ausdrücke und Wendungen

Immer wieder stößt man auf Redewendungen, die zwar dem aktuellen Entwicklungsstand des Französischen entsprechen, aber auf historische Ereignisse, Personen oder literarische Figuren anspielen, von denen wir heute nur noch eine blasse oder bereits gar keine Erinnerung mehr haben. Hier einige Beispiele.

Adieu, veau, vache, cochon, couvée!

Dieser verzweifelte Aufschrei klingt etwas theatralisch, und Sie werden ihn eher selten und nur in literarisch nicht ganz ungebil-

---

25 Sowohl Robert als auch Dauzat schweigen sich zu *calçon* aus.

26 Denken Sie mal an die kleine «Violine», die wir im Deutschen mit italienischer Verkleinerungsform verwenden: Sie heißt im Französischen nicht umsonst *violon*!

27 Nach Robert.

deten Kreisen hören. Manchmal wird er auch auf *Adieu, veau, vache, cochon!* reduziert, denn die Franzosen kürzen gern ab, was ihnen zu lang erscheint. Auf jeden Fall besagt er, dass die dergestalt aufschreiende Person alle ihre Felle davonschwimmen (nein: davongeschwommen) sieht – und ihre eigene Schuld an der Misere beklagt.

Ursprung des Aufschreis ist die Fabel *Perrette et le pot au lait* von Jean de la Fontaine[28]. Darin beginnt Perrette, während sie einen Topf Milch auf dem Kopf zum Markt in die Stadt trägt, von den Dingen zu träumen, die sie sich mit dem erzielten Preis leisten könnte. Je länger sie geht und träumt, desto länger wird die Liste der erträumten Dinge. Und als sie sich gerade vorstellt, wie das erträumte Kalb inmitten einer großen, ebenfalls erträumten Herde herumhüpft, folgt sie unwillkürlich den Sprüngen des Kalbs, und der Milchtopf fällt auf die Erde. Dann der Schrei: «Lebt wohl, Kalb, Kuh, Schwein und Hühnerbrut ...!»[29]

Der Aufschrei kann auch als mitfühlendes oder hämisches Zitat angesichts des Unglücks einer anderen Person verwendet werden. Aber wie gesagt: Nicht jeder kann damit etwas anfangen.

Etymologie – nur für Neugierige

Adieu ist aus *à Dieu* zusammengesetzt. Von *à* wird im Kapitel «À – das kleine Wort mit der großen Karriere» ausführlich die Rede sein. Das lateinische *deu(m)* (Gott) ist über altfranzösisch *deu* zu *dieu* geworden. Der Plural dazu wurde zwar zunächst ordnungsgemäß mit *«-s»* gebildet, aber mit den meist klösterlichen Schreibern, die im Mittelalter für die Vervielfältigung von Texten sorgten, begann eine unglaubliche Verwechslungsgeschichte, die zu dem heutigen *«-x»* führte. Da davon alle Wörter betroffen sind, die im Plural auf *«-ux»* enden, erzähle ich diese Geschichte

28 1621–1695.

29 Inhaltswiedergabe in Anlehnung an www.expressio.fr.

im Kapitel «Wo einem das Französische ein X für ein U vormacht». Nur soviel schon hier: Doppelter gemoppelt geht nicht!

Veau (Kalb) stammt vom lateinischen *vitellu(m)* ab. Die Italiener blieben bei *vitello* stehen, aber die Franzosen übertrieben wieder einmal. Lassen Sie sich das Folgende einmal auf der Zunge zergehen, denn es ist ein Musterstück der französischen Sprachgeschichte! Maulfaul, wie die romanisierten Gallier waren, ließen sie das unbetonte *«i»* zu *«e»* verflachen, schwächten das zwischen zwei Vokalen stehende *«t»* erst zu *«d»* ab und ließen es schließlich ganz verschwinden. Außerdem ließen sie die Endsilbe fallen, wandelten das *«ll»* über *«l»* in *«u»* um und schoben in den dadurch entstandenen Diphthong *«eu»* ein *«a»* ein, so dass der Triphthong *«eau»* entstand, der aber nach einer Übergangszeit nur noch /o/ ausgesprochen wurde. Und das ist nicht alles: Im Plural hängten sie zwar ein ordnungsgemäßes *«-s»* an, aber dann führte die bereits bei *adieu* erwähnte Verwechslungsgeschichte zur heutigen, doppelt gemoppelten Form *veaux*.

Vache (Kuh) ist ein harmloserer Fall der französischen Sprachgeschichte, denn es stammt vom lateinischen *vacca(m)* mit gleicher Bedeutung ab. Lediglich die Vereinfachung und anschließende Umwandlung des *«cc»* zu *«ch»*[30] sowie die Abschwächung der Endung zu einem «stummen *e*» sind typisch französisch.

Das Substantiv *vache* wird in der heutigen Umgangssprache auch gern adjektivisch verwendet und bedeutet dann «(sehr) streng». *Qu'est-ce qu'il est vache, ce prof!* Normalsprachlich würde man dafür sagen: *Qu'est-ce que ce professeur est sévère!*

Von dem «falschen» Adjektiv wurde auch ein Adverb gebildet, nämlich *vachement*, das – auch wieder umgangssprachlich – gern zur Verstärkung von Handlungen oder Eigenschaften verwendet wird. *Ce gars parle vachement bien le français! Ça fait vachement sérieux. Ton cadeau m'a vachement plu.*

30 Palatalisierung auf Linguistendeutsch.

Cochon (Schwein) ist unbekannter Herkunft. ROBERT und DAUZAT vermuten eine Lautmalerei, die vom Lockruf für Schweine ausgeht. Viel interessanter ist jedoch, dass *cochon* zunächst ein Jungtier bezeichnete. Das ist eine Bestätigung der Regel, dass die französische Endung *«-on»* (im Gegensatz zum italienischen *«-one»*) keine Vergrößerungsform, sondern eine Verkleinerungsform bildet. Diesem Phänomen sind wir nicht zum letzten Mal begegnet.

Auch wenn ich damit offene Türen einrenne: Im moralischen Sinn entspricht das französische *cochon* nicht dem deutschen «Schwein», sondern dem «Ferkel». Was wir «Schwein» oder «Charakterschwein» nennen, heißt bei den Franzosen *salaud.* Es sei denn, es handelt sich um eine Frau, *une saloppe.*

Couvée (Vogelbrut) ist ein vom Verb *couver* (brüten) aus gebildetes Substantiv. Dieses Verb kommt vom lateinischen *cubare* (liegen). Das klingt logisch, denn ein brütender Vogel legt sich auf seine Eier. Vielleicht setzt er sich ja auch. Aber beide deutschen Ausdrücke – und ihre oft gehörten falschen Übersetzungen – bringen die Franzosen zum Lachen, denn sie meinen, dass ein Vogel sich nie hinlegt *(il ne se couche jamais)* oder hinsetzt *(il ne s'assied jamais). En fait, il se pose seulement.* Eigentlich haben sie ja Recht, aber bitte nicht weitersagen! Die Wörter *incubation* (Inkubationszeit) und *incubateur* (Brutkasten) bezeugen deutlicher ihre Abkunft von demselben Verb. Sie sind späte und «gelehrte» Wortbildungen und haben daher den lateinischen Konsonantenbestand behalten. Das volkstümliche Verb *couver* hat dagegen die Lautveränderungen der französischen Sprachgeschichte mitgemacht, die zwar das *«b»* zu *«v»* abschwächten, aber die Klangfarbe des */u/* beibehielten. Die Aussprache */ü/* in den modernen Substantiven ist dagegen eine Rückwirkung der Schreibweise auf die Aussprache.

Allumettes suédoises

Dieser Titel des bekannten Films von Jacques Ertaud nach dem Roman von Robert Sabatier (deutscher Titel: Die schwedischen Zündhölzer) verwendet den ursprünglichen und damals noch gängigen Ausdruck für Sicherheitsstreich- oder -zündhölzer, die auch im Deutschen früher Schwedenhölzer genannt wurden.

Die ersten Zündhölzer funktionierten nämlich zunächst, wie wir sie aus Cowboy-Filmen kennen: Man konnte sie überall, an einer Wand, an einer Schuhsohle, an irgendetwas Rauem reiben, und schon flammten sie auf. Das war praktisch, aber sehr gefährlich. Erst durch eine Erfindung des Schweden Gustaf Erik Pasch[31] kamen 1844 die ersten sog. Sicherheitszündhölzer auf den Markt. Diese flammten – und flammen auch heute noch – nur beim Reiben auf einer speziell dafür auf der Streichholzschachtel vorgesehenen Reibefläche auf. Damit war die Gefahr einer versehentlichen Entzündung weitgehend gebannt. Es ergab sich daraus ein lange geltendes, jetzt allerdings aufgehobenes schwedisches Streichholzmonopol – und der inzwischen mehr und mehr in Vergessenheit geratende Begriff *allumettes suédoises* beziehungsweise *Schwedenhölzer*.

Châteaux en Espagne

Der Ausdruck erschien zum ersten Mal im *Roman de la rose* im 13. Jahrhundert und wurde damals meist mit den Verben *bâtir* oder *construire* verbunden, was zusammen die Bedeutung *Luftschlösser bauen* oder *Unmögliches unternehmen* ergab. Später kamen andere Verben dazu, z.B. *acheter, chercher, faire,* was den Sinn kaum veränderte. Mit *avoir des châteaux en Espagne* konnte und kann auch darauf hingewiesen werden, dass jemand nicht nachprüfbaren Reichtum vorgibt, obwohl er offensichtlich arm ist.

Zunächst war der Ausdruck jedoch nicht auf Spanien festgelegt, sondern es gab auch *des châteaux en Brie, des châteaux en Asie,*

31 Genaueres in der deutschen Wikipedia unter diesem Namen.

des châteaux au Caire. Damit wurden vermutlich Orte genannt, die aufgrund ihrer Befestigungen oder ihrer Entfernung mit den damaligen Mitteln nur schwer oder gar nicht erreichbar waren.

Etienne Pasquier macht im 17. Jahrhundert darauf aufmerksam, dass man in Spanien vergeblich Burgen oder Schlösser suche, da es dort keine gebe. Man habe extra keine gebaut, um den Mauren jede Möglichkeit zu nehmen, im Land Fuß zu fassen. Dies könnte der historische Hintergrund der Redewendung gewesen sein. Quellen: expressio.fr bzw. französische Wikipedia. Dort mehr.

Bel et bien

Im heutigen Französisch hat *bel et bien* nur noch den Sinn von «(doch) tatsächlich» und zeigt oft weder einen schönen noch einen guten Umstand an. *On savait depuis longtemps qu'il était dépressif mais hier il s'est bel et bien suicidé. Ils n'avaient pas seulement sali toutes les assiettes mais ils en avaient bel et bien cassé une demi-douzaine.* Weder die verwendeten Adverbien noch ihre Reihenfolge sind da dem Zufall zu verdanken, denn diese Allerweltsfloskel hat es kulturhistorisch in sich! Sie geht auf das lateinische *belle et bene* zurück, das verwendet wurde, wenn etwas einerseits schön und andererseits gut getan wurde oder werden sollte.

Aber das ist noch nicht alles! Der lateinische Ausdruck ist nämlich eine Lehnübersetzung aus dem Griechischen. Dort hieß es *καλός και αγαθός* (*kalós kai agathós*, schön und gut[32]), wurde oft zu *καλοκαγαθός (kalokagathós)* zusammengezogen und verkörperte das antike griechische Ideal der Verbindung von körperlicher Schönheit und geistigen Vorzügen[33]. Diese *καλοκαγαθια (Kalokagathia)* wurde zunächst nur auf Adlige, dann auch auf andere hervorragende Männer angewandt.[34]

32 Nicht zu verwechseln mit dem abwiegelnden deutschen «schön und gut»!

33 Nachzulesen in der deutschen Wikipedia unter «Kalokagathia».

34 Damals gab es noch keine Alice Schwarzer ...

Das Ideal haben die Römer zunächst zumindest sprachlich übernommen.[35] Dann haben sie es aber in dem adverbialen Ausdruck *belle et bene* (auf schöne und gute Weise) von den Männern auf Ereignisse, Handlungen und allgemeine Umstände übertragen. Auf diese römische Trivialisierung folgte dann die französische – mit dem bekannten Ergebnis.
Eine dritte Trivialisierung führte übrigens zum abwiegelnden deutschen «schön und gut», in dem Schönheit und Gutheit nur noch zur ihrer eigenen Verneinung genannt werden. «Das ist ja schön und gut, aber was bringt uns das?!» Da glaubt keiner mehr ans Schöne und Gute!

Etymologie – nur für Neugierige

Mit dem Adverb *bel* hat sich doch tatsächlich[36] ein Saurier eingeschlichen, der nur noch in der Wendung *bel et bien* überleben kann, denn als Adverb gibt es diese Form im Neufranzösischen nicht.[37] Ich habe Sie ja gewarnt, dass einige dieser Viecher noch frei rumlaufen! *La preuve!*

Boire en Suisse

Bei *boire en Suisse* geht es nicht etwa um schlechte Trinkmanieren der Schweizer Eidgenossen, sondern um eine List des lothringischen Königs Stanislas, der gern zwischendurch ein Gläschen Wein kippte und daher immer einen Vorrat bei seiner Schweizergarde deponierte. Er unterbrach dann des Öfteren seine politischen Konferenzen, um unter irgendeinem Vorwand bei seinen Schweizern alkoholische Stärkung zu holen. Am Hof

35 Was haben die Römer nicht alles von den Griechen übernommen! Damals gab es noch nicht den Drang und Zwang zur Originalität und auch nicht den Begriff des Plagiats. All das haben wir erst der Romantik des 19. Jahrhunderts zu verdanken.

36 Hier würde im Französischen *bel et bien* stehen. ;-)

37 Sie existiert nur noch als männliche Form des Adjektivs *beau* vor einem mit Vokal beginnenden Wort.

sprach man daher bald davon, dass er «als Schweizer trank». Die Redewendung ist heute sehr geläufig, aber kaum jemand weiß noch, woher sie kommt.[38]

Cherchez la femme

Die Redewendung *cherchez la femme* sieht hinter allem Ungewöhnlichen das Wirken einer Frau, die natürlich nicht direkt agiert, sondern deren Reize einen Mann zu genau dem Handeln bringen, das jetzt den Verdacht auf eine Frau im Hintergrund lenkt. Der Ursprung dieser Wendung liegt bei dem römischen Satirendichter Juvenal. Sie erreichte dann aber vor allem in ihrer französischen Form einen großen Bekanntheitsgrad, ja Popularität, und zwar durch den Polizeioberleutnant Antoine de Sartine (1729–1801), der die Untertanen des Königs bis in ihre Dachkammern und Betten bespitzeln ließ. Daher kann Alexandre Dumas (père), der die Wendung in seinem Roman *Les Mohicans de Paris* (1854) gleich mehrfach verwendet, davon ausgehen, dass seine Leserschaft bereits gut darüber Bescheid weiß. Und heute benutzt man die Wendung immer noch, immer auf Französisch, auch in anderssprachigen Texten![39]

Rückgriffe aufs Lateinische

Bekanntermaßen hat sich das Altfranzösische, die erste wichtige Ablösung des Französischen vom Lateinischen, aus der hauptsächlich gesprochenen, seltener geschriebenen lateinischen Volkssprache entwickelt.[40] Im Gegensatz dazu suchen sich spä-

38 Meine Info bekam ich am 25.05.05 durch die Sendung *Des racines et des ailes* des Dritten Französischen Fernsehens (Thema: Nancy 2005).

39 Diese Geschichte können Sie in der französischen Wikipedia unter «Cherchez la femme» genauer nachlesen.

40 Die Sprachwissenschaftler sprechen da von «Vulgärlatein». Das hat nichts mit dem deutschen Adjektiv «vulgär» zu tun, sondern bedeutet einfach «vom Volk

tere Rückgriffe aufs Lateinische ihr Material in der Regel im vorwiegend geschriebenen klassischen Latein. Typische Rückgriffe aufs Lateinische sind die unzähligen Substantive auf *-ation* (von lateinisch *-atione[m]*[41]). Dazu gehören z. B. *argumentation*, *exagération*, *fascination*, *libération*. Hätten diese Wörter die normale Sprachentwicklung mitgemacht, würden sie heute auf *-aison* enden, wie *comparaison*, *conjugaison*, *déclinaison*, *fenaison*, *livraison*, *oraison*.

Obwohl Rückgriffe aufs Lateinische hinter die Entstehungszeit der französischen Sprache zurückreichen, empfinden wir – und die Franzosen – sie heute meist nicht als Saurier, und das aus folgenden Gründen: Erstens steht das Lateinische als Ursprungssprache des Französischen diesem immer noch sehr nahe. Zweitens hat es diese Rückgriffe zu jeder Zeit gegeben, so dass man daran gewöhnt ist und sich richtiggehende Ableitungsregeln etablieren konnten. Und drittens kommen viele dieser Rückgriffe als neue (!) Ausdrücke[42] über das derzeit alles beherrschende Englische/Amerikanische daher und gelten so als modern und todschick.

Verwachsen oder verschlimmbessert

Manche Wörter und Redewendungen haben das Pech gehabt, vom Volksmund zerredet zu werden, ohne dass eine gelehrte und autorisierte Instanz eingegriffen hätte. Andere Wörter und Redewendungen haben das Pech gehabt, von einer gelehrten und autorisierten Instanz verschlimmbessert zu werden. Das ist der Lauf der Welt.

---

gesprochenes Latein» (von lateinisch vulgus = Volk). Ich vermeide diesen Ausdruck, weil er leicht missverstanden werden kann.

41 Das *«-m»* der klassisch-lateinischen Akkusativendung war im volkstümlichen Latein bereits im Schwinden; daher setze ich es grundsätzlich in Klammern.

42 Im Linguistenjargon sind das «Neologismen» (von griechisch *neos* = *neu* und *logos* = *Wort*).

Aujourd'hui – der Viererpack und mehr

Ins französische *aujourd'hui* wurden im Laufe der Geschichte vier Wörter zusammengepackt. Das vom Altfranzösischen überkommene *hui* (heute) empfand man irgendwann nicht mehr als aussagekräftig genug (bei Terminen spaßt man nicht!) und erweiterte es immer häufiger zu *au jour d'hui* (am heutigen Tag). Schließlich schrieb man es zusammen zu *aujourd'hui*. Da auch dieses manchen Leuten nicht aussagekräftig genug ist, begegnet man inzwischen bereits einer weiteren Erweiterung, nämlich *au jour d'aujourd'hui*. Sie glauben mir nicht? Fragen Sie Google: Die Frage nach *«au jour d'aujourd'hui»* (mit Gänsefüßchen!) brachte im Juli 2013 «ungefähr 7.920.000 Ergebnisse», wie Google sagt.

Etymologie – nur für Neugierige

Im frühen Latein sagte man für «heute» *hoc die* (an diesem Tag, d. h. am heutigen Tag). Bereits bei den klassischen Autoren um die Zeitenwende – und erst recht in der Volkssprache – wurden die zwei Wörter jedoch meist zu einem einzigen zusammengezogen, nämlich *hodie*. Dieses Wort – dessen *«h»* allmählich verstummte – ist der Ursprung des altfranzösischen *hui*, das noch im heutigen *aujourd'hui* als unverständlicher Saurier zu sehen ist.

Belle lurette – ein Konsonantenklau

Wenn ein Franzose von *belle lurette* redet, meint er «vor einer gefühlten Ewigkeit» oder «seit ewig und drei Tagen». Eine Französin meint übrigens das Gleiche. *Françoise et Bernard? Ça fait belle lurette qu'ils ont divorcé. Ce cinéma n'existe plus depuis belle lurette. J'y suis allé pour la dernière fois il y a belle lurette.* Aber was ist *lurette*? Es kommt nur in dieser Wendung vor.

Etymologie – nur für Neugierige

Dass *lurette* nur in Verbindung mit *belle* vorkommt, ist kein Zufall. Ursprünglich sagte man *belle heurette.* Oder so.[43] Das ist zwar ein Widerspruch in sich selbst, denn *belle* betont die lange Dauer, während *heurette* nur ein Stündchen, also etwas Kurzes bedeutet, aber Sprache und Logik sind zwei Parallelen, die sich bekanntlich nur im Unendlichen treffen ...

Dann ist beim schnellen Sprechen (anders können die Franzosen ja angeblich nicht reden) ein *«l»* von *belle* zu *heurette* rübergerutscht, sozusagen als Double, und hat das *«h»* verdrängt. Typischer Fall von Selbstklonung. Und das steht heute in den Wörterbüchern als korrekte Form.

Chandeleur – ein vergessener Genitiv Plural

Das Wort *chandeleur* ist ein bleibendes Sprachdenkmal, das aber heute leider (fast) keiner mehr versteht. Lichtmess ist das Fest der Kerzen, und so hieß es auch im Lateinischen. Im Altfranzösischen verzichtete man – wie bei allen Festen – auf das Wort «Fest». Es ergab sich aber ein Problem: Während die Namen der Patronatsfeste wie *Jean* (Johannis) trotz lautlicher Weiterentwicklung verständlich blieben, ergab der lateinische Genitiv Plural *candelarum* (der Kerzen) ein mit der Zeit unverständliches */chandelère/*, das dann – vielleicht in Analogie zu den vielen anderen Wörtern auf *«-eur»* (*douleur*, *chaleur* usw.) – lautlich und schriftlich abdriftete. Dass hier ein lateinischer Genitiv Plural (wenn auch verballhornt) bis ins Neufranzösisch hinein erhalten blieb, hat sicher mit dem größeren sprachlichen Konservatismus im kirchlichen Bereich zu tun.

Forcené – ein missverstandenes Wort

Die Entstehungsgeschichte dieses Wortes war mir immer ein Rätsel – bis ich zufällig in einem Roman sein italienisches Pen-

---

43 Das ist schon eine Umsetzung in moderne Orthografie. ROBERT zitiert einen Beleg von 1119 mit *hurete.*

dant entdeckte: *forsennato*. Da fiel es mir wie Schuppen von den Augen: *for* (außer, wie italienisch *fuori*) + *sen* (germanisch: Sinn, Verstand) + passive Partizipialendung = jemand, der von Sinnen ist, zum Beispiel ein außer Rand und Band geratener Gewalttäter oder gar Amokläufer. Und in den höfischen Romanen von Chrétien de Troyes gibt es tatsächlich ein altfranzösisches Adjektiv *forsené* (wahnsinnig).[44] Aber was sucht das an *force* (Kraft, Gewalt) erinnernde *«c»* darin?

Genau die Erinnerung an *force* war es, die alle guten französischen Geister auf den Holzweg führte. Die Einzelteile des Wortes *forsené* waren nämlich nicht mehr verständlich, denn *for* war nur noch – kaum wiederzuerkennen – als Präposition *hors* in Gebrauch, und der Sinnzusammenhang zwischen dem germanischen *senn* und dem vom lateinischen *sensu(m)* kommenden *sens* sprang nicht ins Auge. Also suchte man andere Sinnbeziehungen und fand sie – fälschlicherweise – in *force*, was zu dem sprachgeschichtlich unsinnigen, aber heute üblichen Wörterbucheintrag *forcené* führte.

Haleine – ein Ergebnis kollektiver Legasthenie

Das Wort *haleine* (Atem) ist ein Meisterwerk der kollektiven Lesthagenie, *pardon*: Legasthenie, denn es stammt wohl von einem lateinischen Wort *anhela* ab, das schon im Volkslateinischen zu **alena* geworden war und zum Verb **alenare* gehörte. Hat da vielleicht jemand das volle Scrabble-Brett auf den Boden geworfen?[45]

Bei den Franzosen ist dann irgendwer, wohl ein Etymologie-Freak, auf die Idee gekommen, das bereits in der lateinischen Volkssprache verschwundene *«h»* wiederherzustellen, aber so-

44 Nach Foerster.

45 Die Gelehrten nennen das Metathese (Vertauschung von Lauten). Das klingt doch gleich viel besser.

zusagen an der falschen Stelle.[46] Wenn man das bei einem Wort sagen kann, in dem fast keine Stelle richtig besetzt ist.

Lendemain – noch ein Viererpack

Nicht immer ist ein «Tag danach» so dramatisch wie in dem Anti-Atomkriegsfilm *The Day After*[47], aber auch viele *lendemains de fête* sind so was von verkatert! *Sans parler des surlendemains de fête! Ah ces jeunes, ils ne pensent pas au lendemain!*

Um aufzuzeigen, welche dramatischen sprachgeschichtlichen Ereignisse zum heutigen Wort *lendemain* und seinen Verwendungsweisen geführt haben, muss ich Ihnen eine kleine Geschichte erzählen, die kein Märchen, sondern wahr ist.

Es war einmal ein kleines lateinisches Wörtchen, das hieß *mane* (mit Kleinbuchstaben, es war ja so klein!) und bedeutete «morgen» oder auch «morgens». Irgendwann kam das Wörtchen den Römern viel zu klein vor (*Ils sont fous, ces Romains*, würde Obélix sagen), und sie stellten ihm die Präposition *de* davor, ohne seine Bedeutung zu ändern. Das kleine *mane* schnappte sich das noch kleinere *de* und vereinigte sich mit diesem zu *demane*. Seine Benutzer hatten inzwischen aber die Bedeutung «(früh) morgens» mehr oder weniger vergessen und sagten *demane* vorzugsweise, wenn sie an den «nächsten Tag» dachten. Die Gallier – außer denen im einzigen römerfreien Dorf in der Bretagne, Sie wissen schon – übernahmen dann die lateinische Volkssprache. Sie behielten zwar das bei ihnen zu *demain* (morgen) gewordene Wörtchen bei, verlängerten es aber auf der Suche nach einem Substantiv zu *en-demain* (morgiger Tag, Tag danach). Die Italiener, die bis dahin den gleichen Weg gegangen und so zu *domani* (morgen) und *indomani* (nächster Tag, Tag danach) gekommen waren, hatten an diesem Punkt ein Einsehen und behielten die

46 Nach Robert.

47 Von Nicholas Meyer, 1983, allerdings mit dem nah am Englischen bleibenden französischen Titel *Le jour d'après*.

beiden Wörtchen in dieser Form und Bedeutung bis auf den heutigen Tag. Nicht so die Franzosen! Zwar blieb das alleinstehende *demain* (morgen) bis heute erhalten, aber da man gerade beim Einsammeln nützlicher Partikel war, verleibte sich *en-demain*, das im Satz ja meist erst *l'en-demain*, dann *l'endemain* hieß, auch noch den bestimmten Artikel ein, so dass das Wort *lendemain* entstand. Damit war die eigentliche Wortgeschichte abgeschlossen, und auch dieses französische Wort blieb so bis heute, eine Mogelpackung aus vier Bestandteilen: *l+en+de+main*.

Aber war da nicht noch ein Problem? Ja, sicher, wie baute man denn dieses Wort in einen Satz ein? Wie unterschied man einen beliebigen von diesem bestimmten «Tag danach»? Ganz einfach: Man stellte einen Artikel davor. So entstand eine Art Sonderanfertigung, die mit zwei Artikeln gleichzeitig benützt wird, einem im Wort selbst und einem vor dem Wort. Aber nur der erste Artikel unterscheidet die grammatikalischen Fälle: *le lendemain* (der nächste Tag oder am nächsten Tag), *du lendemain*, *au lendemain*, *les lendemains*, *des lendemains*, *aux lendemains*. Dieses Wort hat es in sich!

Lierre – mit angeklebtem Artikel

Efeu ist schön, aber lästig, denn es klebt sich sozusagen fest an allem, was seinem Höhenwachstum dienen kann. Von befallenen Baumstämmen bekommt man es nicht leichter weg als von glatten Betonwänden. Und genau so verhielt sich das entsprechende französische Wort im Lauf der Sprachgeschichte: Es hat sich untrennbar an den bestimmten Artikel geklebt. Auf diese Weise ist aus *l'hedera* erst *ledra* und dann *lierre* entstanden. Das nennt man in Fachkreisen Agglutination.[48]

Aber der Efeu steht ja nicht allein mit diesem Problem, wie wir bereits bei *lendemain* gesehen haben.

---

48 Wegen solcher weniger Sündenfälle gehört das Französische aber noch lange nicht zu den agglutinierenden Sprachen. Bei denen wird nämlich agglutiniert, was das Zeug hält. Bestes Beispiel: Ungarisch.

Poids – die klassische Verschlimmbesserung
Woher kommt bloß das nicht ausgesprochene *«d»* in diesem Wort? Die Antwort darauf erfordert einen kleinen geschichtlichen Exkurs.

Gegen Ende des Mittelalters entstand eine Wiederbesinnung auf die kulturellen und religiösen Wurzeln, welche die ganze den Europäern bekannte Welt erfasste. Dazu gesellte sich der Wunsch, die neuen alten Erkenntnisse unters Volk zu bringen. So kam es unter anderem zu volkssprachlichen Bibelübersetzungen, Infragestellung der kirchlichen Tradition, Reformation – und auch Reform der französischen Sprache. Grund genug zu dieser Bewegung gab es: Das Papsttum hatte mit Erscheinungen wie der Familie Borgia und dem schamlosen Ablasshandel einen absoluten Tiefpunkt erreicht, während die französische Sprache durch den Zusammenbruch des mittelalterlichen Zwei-Fälle-Systems an den Rand der Unverständlichkeit geraten und durch ihre rasante Lautentwicklung der Zusammenhang mit dem Latein ziemlich verloren gegangen war.

In dieser Situation versuchten die Gelehrten, die alten Etymologien wieder auszugraben und in der Schrift sichtbar zu machen. Und dabei kam es zu schlimmen Fehlgriffen, zum Beispiel bei Gewicht und Erbse. Diese hießen nämlich im Altfranzösischen genau gleich: *pois*. Konnte man diese Doppeldeutigkeit nicht durch Rückgriff auf den Ursprung auflösen? Man wusste ja, dass die Erbse von lateinisch *pisu(m)* kam, und das Gewicht hieß doch im Latein *pondus*. Also verpasste man dem Gewicht ein zur Etymologie passendes *«d»*. Doch das war falsch. Denn das Gewicht kommt von dem lateinischen Adjektiv *pensus, -a, -um* (wichtig, gewichtig), das substantiviert wurde, als *pensu(m)* die Bedeutung «Gewicht» annahm und sich dann nach den Regeln der französischen Lautentwicklung richtete: *pe(n)su(m) > peso > peis > pois*. Keine Spur von einem *«d»*.

Aber die französischen ABC-Schützen – und auch wir Nicht-Franzosen – müssen immer noch die sprachhistorisch falsche Schreibung *poids* lernen, obwohl inzwischen jeder Lehrer wissen dürfte, was da Sache ist!

Savoir – der Ruch des Wissens

Zum Verständnis der eigenwilligen Formen des Verbs *savoir* (wissen) würde ein Blick in die Vergangenheit helfen. Er würde ergeben, dass diese Formen erstaunlicherweise im Einklang mit den Regeln der französischen Lautentwicklung entstanden sind, obwohl sie im heutigen Konjugationssystem unregelmäßig aussehen. Aber mit den Einzelheiten brauchen wir uns hier nicht zu beschäftigen. Denn wir sind einem sprachlichen Krimi auf der Spur.

Es hätte für dieses Wort schlimm kommen können, denn beim großen sprachlichen (und auch sonstigen) Aufbruch gegen Ende des Mittelalters waren die führenden französischen Sprachexperten überzeugt, dass *savoir* (wissen) nur vom lateinischen *scire* (wissen) kommen konnte. Also musste da unbedingt ein *«c»* rein, und dieses vor *«a»* oder *«u»* natürlich mit *cédille* zur Erhaltung der Aussprache! So kamen allen Ernstes Formen zustande wie *je / tu sçais, il sçait, nous sçavons, vous sçavez, ils sçavent*. Die anderen Zeiten waren nicht besser: *je sçavais, je sçaurai, je sçus, j'ai sçu* usw. Und den Infinitiv schrieb man natürlich *sçavoir*.[49]

Zum Glück ist dieser Kelch an uns Heutigen vorübergegangen, denn irgendwann entdeckten die Gelehrten, dass *savoir* nicht von *scire* (wissen), sondern von *sapere* (riechen, schmecken) gekommen war, und die *Académie française* führte 1740 die heutige Schreibung ein.[50]

---

49 Siehe fr.wiktionary.org.

50 Im Italienischen kann *sapere* übrigens auch heute noch «wissen» oder «riechen» bedeuten.

Erdrutsche und Springfluten

Sprachliche Veränderungen gehen meist von einer kleinen Gruppe von Menschen aus und verbreiten sich dann allmählich über mehr oder weniger große Teile des Sprachgebiets. Manche Veränderungen kommen jedoch über eine Sprache wie Urgewalten, die ganze sprachliche Landschaften wegreißen oder mit lebendigen Lavaströmen neue Sprachinseln formen. Das Französische hat im Laufe seiner Geschichte viele solche Umstürze erfahren, die nicht nur Einzelphänomene betrafen, sondern als ein veritabler Systemwechsel den weiteren Verlauf der Sprachentwicklung tiefgreifend beeinflussten – nur vorübergehend oder bis heute. Schauen wir uns ein paar überlebende davon näher an.

Adverbienbildung mit *«-ment»*

Im Lateinischen wurden die abgeleiteten Adverbien je nach Deklinationsmuster mit den Suffixen *«-e»* oder *«-iter»* gebildet. Diese Ableitungsregel ist auf dem Weg ins Französische vollkommen untergegangen, wenn man von einigen einsamen Sprachdenkmälern wie *bien* und *bel et bien* absieht (von denen an anderer Stelle die Rede ist). Stattdessen werden die französischen Adverbien durchwegs durch Anhängen des Suffixes *«-ment»* an die weibliche Form des Adjektivs gebildet. Warum? Was hat fast alle lateinisch oder romanisch sprechenden Völker zu diesem radikalen Systemwechsel bewegt?[51]

Da kann man nur spekulieren, aber vermutlich waren die lateinischen Adverbialsuffixe nicht mehr sprechend genug für das ge-

51 Nur die Rumänen scheren hier aus. Sie nehmen die männliche Form des Adjektivs als Adverb, ohne spezielles Suffix.

meine und auch das ungemeine Volk, und «man» entschied sich für eine klarere und expressivere Ausdrucksweise.[52] Man kombinierte also das Adjektiv mit dem weiblichen Substantiv *mens* (Gesinnung, Absicht, dann Art und Weise) im Ablativ[53]. Aus *secura mente* (auf sichere Art und Weise) wurde dann *sûrement* (sicherlich)[54]. Damit ist auch geklärt, warum das dem französischen Adverb zu Grunde liegende Adjektiv auch heute noch weiblich sein muss.[55]

Manche Autoren stellen dieser französischen Adverbienbildung die germanische auf *«-lich»* (z.B. wunderlich, bitterlich, schrecklich) gegenüber, in der das alte Substantiv für den Körper (heute noch in Gebrauch in «Leiche» und «Leichnam») den gleichen Weg gegangen ist wie *mente* in den romanischen Sprachen. Romanischer Geist gegen germanischen Körper. Das verlockt natürlich leicht zu kulturhistorischen Vergleichen. Aber da sollte man vorsichtig sein. Mehr zu den Adverbien bringt das Kapitel «Adjektiv und Adverb».

Verkleinerungsformen und Kosewörter

Wer vom Italienischen, Portugiesischen oder Spanischen herkommt, dem wird das heutige Französisch wie eine emotionslose, kalte, erstarrte Sprache vorkommen. Und in der Tat wird immer wieder auf den cartesianisch-deklarativen Charakter der französischen Sprache hingewiesen.

An der formalen Erstarrung des Französischen ist wirklich etwas dran, denn der spontane Gebrauch von Diminutiven ist

52 In Wirklichkeit entschied da natürlich keiner etwas, denn sprachliche Phänomene nisteten sich damals von ganz allein in einer Sprachgemeinschaft ein, vor Entstehen der modernen Werbung. «Keiner weiß, warum, keiner weiß, wieso, aber alles geht schon von allein» würde da Culcha Candela singen.

53 Dieser lateinische Fall konnte Mittel, Zweck und Art und Weise ausdrücken.

54 Das ist ganz im Sinne der Theorie von Deutscher, dass sehr viele, vielleicht sogar alle Suffixe in allen Sprachen dieser Welt aus Substantiven entstanden sind.

55 Für die Verkümmerung von Substantiven zu bloßen Suffixen oder Endungen bringt Deutscher verblüffende Beispiele aus vielen Sprachen der Welt.

im Laufe der Jahrhunderte weitgehend verlorengegangen. Man kann heute nicht mehr an ein beliebiges französisches Wort einfach eine Diminutivendung hängen, um die bezeichnete Sache oder Person zu verkleinern oder ihr einen affektiven Wert zu geben. Aber das hat natürlich nichts mit einer etwaigen Gefühlskälte der Franzosen zu tun. Sie drücken sich heute nur anders aus als noch im Mittelalter.

Die Rolle der Diminutivendungen wird im heutigen Französisch einerseits von Adjektiven wie *petit*, *mignon*, *adorable*, *gentil* und ähnlichen, andererseits aber auch von einer Flut von Metaphern eingenommen. Hören Sie einmal zu, wie französische Eltern ihre kleinen Kinder (oder auch die Eheleute sich gegenseitig) anreden! Da wimmelt es nur so von Namen niedlicher oder als angenehm empfundener Personen, Tiere, Pflanzen und Dinge: *ma biche*, *mon chou*, *ma cocotte*, *ma petite poule*, *petite mère*, *mon poulain*, *petit bonhomme, coquin(e)*, *mon trésor* und so weiter und so fort.

Wie schon gesagt: Das war nicht immer so. Auch das Französische hatte zunächst von der lateinischen Muttersprache die Möglichkeit der Diminutivbildung geerbt und bis ins Altfranzösische mehr oder weniger bewahrt, aber dann am Ausgang des Mittelalters weitgehend verloren. Der damalige Kampf um die *clarté de la langue française* hat überall seine Spuren hinterlassen.

Aber Spuren der alten Möglichkeiten sind auch heute noch erkennbar, allerdings in erstarrter Form und etwas anders als in den romanischen Schwestersprachen. Im Französischen verkleinerte man z. B. mit *«-et(te)»*, *«-el(le)»*, *«-illon»* oder *«-on»*. In *«-eton»* und *«-onnet»* werden sogar zwei Diminutivendungen zusammengespannt. Beispiele findet man noch immer im Tierreich, vor allem bei der Benennung vieler Jungtiere, aber nicht nur dort. Es gibt sogar vereinzelte Neubildungen. Beispiele: *aiglon* (Jungadler), *caneton* (Entchen), *cochon* (ursprünglich: junges Schwein)[56], *fillette*

56 Wer *pétanque (boule)* spielt, kennt auch *le cochonnet*, die kleine Zielkugel, die in manchen deutschen Gefilden Taube oder «Daubn» genannt wird.

(kleines Mädchen[57]), *fourchette* (Gabel, im Gegensatz zur größeren Mistgabel *[fourche]*), *garçon* (Junge), *garçonnet* (kleiner Junge), *kitchenette* (Kochecke), *lardon* (Stückchen Speck, Speckwürfel), *Marion* (Mariechen), *oisillon* (Vögelchen), *oison* (Gänslein), *ourson* (Jungbär), *poulet* (Hähnchen), *vachette* (kleine, junge Kuh).

Verneinung durch Bejahung

Wie wohl allseits bekannt ist, besteht die normale lateinische Verneinung eines Verbs nur aus dem Wörtchen *non*, und dieses hat sich in den romanischen Sprachen allgemein durchgesetzt, natürlich unter Beachtung der für die jeweilige Sprache typischen Lautentwicklung. Und was ist mit Französisch?

Auch die Nachfahren von Astérix und Obélix kennen natürlich die Negation *ne* (von lateinisch *non*) beim Verb. In der gehobeneren Sprache gibt es auch heute noch Beispiele wie *n'aie crainte*, *je ne sais*, *je ne peux venir*, *ne souffler mot* – und dazu sogar eine pleonastische[58] Verneinung in Sätzen wie *Je crains qu'il ne soit malade*. Aber so redet und schreibt heute weder der französische «Mann von der Straße» noch dessen Frau. Die normale Verbverneinung ist heute das ums Verb herumgestellte *ne ... pas* – und in der gesprochenen Umgangssprache nur noch das nachgestellte *pas*. Letzteres ist jedoch seinem ursprünglichen Sinn nach gar keine Verneinung, sondern ein ganz normales Substantiv, das «Schritt» bedeutet. Was ist passiert?

Schon im Mittelalter empfanden viele Leute die Verneinung *ne* nicht mehr als ausreichend, denn wer «nein» sagt, legt meist großes Gewicht auf diese Aussage und will, dass der negative Sinn klar ist. Und da verfielen die Leute darauf, die Verneinung

57 Bei der verboten klingenden und daher nicht uneingeschränkt gesellschaftsfähigen Wendung *baiser une fillette* brauchen sie sich nichts Böses zu denken, denn da geht es um das Leeren einer Flasche Wein.

58 Pleonastisch = überzählig, eigentlich überflüssig.

ne durch ein nachgestelltes Wort zu ergänzen, das zwar eigentlich einen positiven Sinn hatte, aber in Verbindung mit der Verneinung lediglich diese verstärkte. Eine ganze Reihe von Wörtern wurde so ein Teil der Verneinung, wie *ne ... pas* («nicht»; heute allgemein gebräuchlich), *ne ... plus* («nicht mehr»; heute noch gebräuchlich), *ne ... rien* («nichts»; heute noch gebräuchlich), *ne ... jamais* («nie»; heute noch gebräuchlich), *ne ... guère* («kaum»; heute noch gebräuchlich in der gepflegten Sprache), *ne ... point* («[überhaupt] nicht»; nur noch regional in der Gegend von Lyon und in gestelzter Sprache gebräuchlich), *ne ... mot* («nichts»; ursprünglich für Gesprochenes; nur noch literarisch in Wendungen wie *Il ne souffla mot.* [Er sagte kein Wort.]), *ne ... goutte* («nichts»; ursprünglich für Flüssiges; ausgestorben).

Etwas anders konstruiert, aber doch vergleichbar ist *ne ... que* («nicht ... außer», also «nur»; heute allgemein gebräuchlich; wird oft statt *seulement* gesagt).

Heute haben die ursprünglichen Verneinungsverstärker, soweit sie nicht außer Gebrauch geraten sind, vollständig den negativen Sinn übernommen und können bereits alleine stehen, ohne in ihren positiven Sinn zurückzufallen. Das zeigt sich besonders deutlich bei kurzen Antworten auf irgendwelche Fragen. Beispiele: *Pas un mot* (Kein Wort), *Pas du tout* (Überhaupt nicht) und sogar *Du tout* (Überhaupt nicht), *Rien* (Nichts), *Que du vent* (Nichts als heiße Luft), *Que dalle*[59] (Überhaupt nichts), *Jamais* (Nie).

Gerade bei Letzterem ist jedoch Vorsicht geboten, denn in Verbindung mit einem Verb ohne *ne* kann es in einer Frage «jemals» bedeuten. *As-tu jamais vu une chose pareille?* (Hast du je so etwas gesehen?) Für die Übersetzung ist hier die Stilebene

59 Das Wort *dalle* in dem mehr als umgangssprachlichen, also nur unter guten Freunden zu verwendenden *que dalle* kommt nach der frz. Wikipedia aus dem Bretonischen. Da weiß Wiki mehr als ROBERT, und das ist erstaunlich. Das Wort soll auf jeden Fall nichts mit der Fliese *(la dalle)* zu tun haben. Aber nichts Genaues weiß man nicht. Beliebte Wendungen: *J'y comprends que dalle.* (Ich verstehe nur Bahnhof.) *J'y vois que dalle.* (Ich sehe überhaupt nichts.)

wichtig. Wenn wirklich keine Verneinung vorliegt, ist «je(mals)» die richtige Wahl; wenn aber nur deswegen kein *ne* vorhanden ist, weil dieses in der lässigen Umgangssprache weggelassen wird, dann muss man mit «nie» oder «niemals» übersetzen. Vergleiche das normale *Es-tu jamais allé à Paris?* (Bist du jemals nach Paris gefahren?) mit dem erstaunten *Tu es jamais allé à Paris?* (Du bist nie nach Paris gefahren?)

Wo einem das Französische ein X für ein U vormacht

Im Mittelalter arbeiteten die Klosterbrüder, diese lebenden Kopiermaschinen für Bücher und Dokumente, oft mit material- und arbeitssparenden Ligaturen. Eine davon war die Ligatur für *«u»* + *«s»*. Sie wurde zum Beispiel für französische Wörter gebraucht, bei denen ein vor dem Plural-*s* stehendes *«l»* zu *«u»* geworden war, und sie sah so ähnlich aus wie ein *«x»*. Wie bei altfranzösisch *chevaus* (Pferde), das nun so ähnlich wie *chevax* aussah. Na ja, und irgendwann schrieb man dann wirklich ein *«x»* statt der Ligatur, und noch später hat es – salopp ausgedrückt – einflussreiche Leute gestört, dass der in Verbindung mit dem davor stehenden *«a»* oder *«e»* auszusprechende Vokal *«u»* nicht mehr zu sehen war. Man hat also das *«u»* zur Verdeutlichung wieder reingeschrieben, aber das *«x»*, an das man inzwischen gewöhnt war, dennoch belassen, statt wieder *«s»* zu schreiben. So kommt es, dass wir heute noch viele streng nach Regel entstandene «unregelmäßige» Plurale in doppelt gemoppelter Schreibung lernen müssen. Die Herleitung zeigen folgende Beispiele:

- lateinisch *caballos* (Pferde) > *chevals* > *chevaus* > *chevax* > *chevaux*
- lateinisch *capillos* (Haare) > *chevels* > *cheveus* > *chevex* > *cheveux*

Intermezzo: Seid nett zueinander!

Haben Sie schon einmal beobachtet, wie sich ein Engländer verabschiedet? Nach der französischen Redensart *filer à l'anglaise* (auf englische Art abhauen) ist anzunehmen, dass der Brite als solcher sich gewöhnlich hoppla-hopp aus dem Staub macht, ohne sich von den Gastgebern zu verabschieden. Das ist natürlich eine gemeine Unterstellung. Aber es geht eben nichts über ein gesundes Vorurteil, wie man so sagt. Seid nett zueinander!

Vergessen wir nicht, dass entgegen zeitweiliger deutscher Kriegspropaganda nicht Deutschland, sondern England jahrhundertelang Frankreichs «Erbfeind» war. Halb Frankreich gehörte lange Zeit den englischen Königen, bis Jeanne d'Arc sie brutal des Landes verwies.

Dass derartige militärische und sprachliche Nettigkeiten unter Nachbarn nicht ungestraft bleiben können, liegt auf der Hand. Prompt kontern die Engländer mit einer eigenen Redensart, die den Spieß umdreht: *To take French leave* (sich französisch verabschieden) ist wortwörtlich das britisch-gepflegt ausgedrückte Gegenteil und trotzdem die einzig mögliche englische Übersetzung von *filer à l'anglaise*!

Wie bei jedem Streit zwischen zweien freut sich der Dritte. In diesem Fall sind das andere Völker Europas, die mal so und mal so Stellung nehmen: Die Deutschen sagen «sich französisch verabschieden», die Italiener dagegen «andarsene all'inglese», «filare all'inglese» oder auch «filarsela all'inglese» (auf englische Art weggehen, abhauen).

Viele Wege führen ... ins Französische

Die französische Sprache stammt zwar, insgesamt gesehen, vom Latein ab, aber sie hat natürlich auch vieles von anderen Sprachen übernommen. Diese Entwicklungen und Übernahmen kamen jedoch nicht immer auf direktem Weg ins Französische – und liefen manchmal sogar über mehr als nur einen Weg.

Das Kapital und die Folgen

Bereits lange vor der ersten Bankenkrise des 21. Jahrhunderts, d. h. lange vor der von den Banken verursachten und von uns allen bezahlten Krise, war das Wort *capital* (Kapital) in aller Munde. Und spätestens seit Karl Marx hatte es oft einen unangenehmen Beigeschmack. Bald war klar, dass die Banken nur unser Bestes wollen, nämlich unser Geld, und dass sie es meist auch bekommen. Den vielen Protesten gegen falsche Beratung durch die Banken muss ich hier widersprechen. Natürlich beraten Banken immer richtig – in Ihrem (vermeintlichen) Interesse. Und worin liegt das Interesse der Banken? In den *intérêts* (Zinsen), die sie uns abverlangen, locker mal ein Vielfaches der *intérêts sur avoir* (Guthabenzinsen), und dem *capital* (Kapital), das sie gern konfiszieren, wenn wir die *intérêts* nicht mehr bezahlen können.

Aber gehen wir zurück zu den Wurzeln, mit dem ROBERT als Gehhilfe. Diese Wurzeln liegen wieder mal im Latein, wo es zunächst ein Adjektiv namens *capitale(m)* gab, das alles bezeichnete, was mit dem *caput* (Kopf, Haupt) zu tun hatte.[60] Da der Kopf erstens oben, zweitens am Anfang des Körpers und drittens

60 Die deklinierten Formen dieses Wortes beginnen mit *«capit-»*.

wichtig ist, entwickelten sich die entsprechenden Bedeutungsstränge heraus.

Die verschiedenen Verwendungen des Adjektivs *capitale(m)* entwickelten sich formal nicht immer in gleicher Weise weiter. Beispiele:

- lateinisch *capitale(m) > chapitel > chapiteau* (Säulenkapitel)
- lateinisch *capitale(m) > (ville) capitale* (Hauptstadt)
- lateinisch *poena(m) capitale(m) > peine capitale* (Todesstrafe)
- lateinisch *capitale(m) > chatel > cheptel* (Viehbestand)
- lateinisch *capitale(m) > capital* (Kapital)

Sozusagen auf einem Nebengleis kam es zusätzlich zur Bildung von lateinisch *capitulu(m) > chapitle > chapitre*[61] (Kapitel).

In Wörtern, die früh vom Lateinischen geerbt wurden, führte die normale Lautentwicklung dazu, dass *«c»* vor *«a»* zu *«ch»* wurde[62]. Bei den obigen Wörtern, in denen das *«c»* vor *«a»* erhalten blieb, können wir daher getrost davon ausgehen, dass sie entweder spät übernommen wurden oder zunächst hauptsächlich in Fachkreisen kursierten oder dem Italienischen entlehnt wurden oder all das zusammen. Sie machten aus diesen Gründen die normale Lautentwicklung des Französischen nicht mit.

Interessant ist der Vergleich zwischen *cheptel* (Viehbestand) und *capital* (Kapital), die ja beide vom selben Wort abstammen und vergleichbare Bedeutung haben. Das Wort für das Vieh als produktiv investiertes Kapital ging den volkstümlichen Weg und wurde deshalb zu *cheptel*, während das abstrakte Kapital, dessen Hauptzweck seine eigene Vermehrung ist, von dem im Hoch-

61 Den Wechsel von *«l»* nach *«r»* nennt man Liquidentausch. Ein solcher Austausch kommt in der französischen Sprachgeschichte immer wieder mal vor. Denken Sie nur mal an lateinisch *peregrinu(m)*, das zum französischen *pèlerin* (Pilger) geworden ist.

62 Beispiel: lat. *cantare* > frz. *chanter.*

mittelalter florierenden Bankensystem Süditaliens (vor allem Siziliens) übernommen wurde und in der italianisierenden Form *capital* bis heute erhalten blieb.

Bei dem Wort *capitale* der Hauptstadt und der Todesstrafe kann es sich entweder um direkte Rückgriffe aufs Lateinische oder ebenfalls um Übernahmen vom Italienischen handeln.

Geduldsspiele aus China

Vielleicht kamen die ersten Geduldsspiele wirklich mal aus China nach Frankreich. (Heute übrigens wieder. Wie vieles andere.) Auf jeden Fall ist für die Franzosen heute jedes Geduldsspiel (auch eines im übertragenen Sinn) ein chinesisches, *un casse-tête chinois*. Aber den Kopf zerbrechen tun sie sich dabei genau wie die Deutschen.

Der Ausdruck *casse-tête* ist so grausam, wenn man ihn wörtlich nimmt, dass man ihn glatt ins Intermezzo «Anatomische Wunder und Grausamkeiten» aufnehmen könnte. In der Praxis hat aber jeder von uns den übertragenen Sinn so weit verinnerlicht, dass kaum jemand noch an die konkrete Bedeutung denkt.

Übrigens: Das deutsche «Kopfzerbrechen» ist genau so grausam, und keiner merkt es. Wenn Sie gerne weitere Grausamkeiten lesen wollen, gehen Sie einfach schnell zum Intermezzo «Anatomische Wunder und Grausamkeiten»!

Gürtel – große, kleine und fürchterliche

Schon die alten Römer beiderlei Geschlechts waren eitel. Diejenigen, die besonders viel auf sich hielten, die Patrizier, trugen aber alle eine Toga. Wenn jedoch alle das Gleiche tragen, kommt es auf die klitzekleinen Einzelheiten an, mit denen man sich aus der Menge herausheben kann. Und eine dieser Kleinigkeiten war anscheinend die Art, wie man die Toga gürtete. So entstand wohl das klassisch-lateinische Wort *cinctura* (Gürtung), abgeleitet vom Verb *cingere* (gürten), das unter anderem im deutschen «umzingeln» weiterlebt.

Das Verb *cingere* wurde zwar zum französischen *ceindre* (gürten), fristet aber heute nur noch ein Mauerblümchendasein in hochgestylten Texten. Dagegen wurde das Substantiv *cinctura(m)* zum französischen *ceinture* (Gürtel) und ist heute in aller Munde bzw. um aller Bäuche.

Es blieb jedoch nicht bei der konkreten Bedeutung des Wortes, sondern über Redewendungen wie *serrer la ceinture* (den Gürtel enger schnallen) wurde es mit allen möglichen Mangelsituationen verknüpft. Wenn ein Franzose jammernd einfließen lässt *Et maintenant, ceinture!* oder *Et alors, ceinture!* oder schlicht und einfach *Ceinture!*, dann verfügt er über irgendetwas nicht mehr, und zwar in umfassender Weise. Das kann von gestrichenen Urlaubsplänen bis zur abgesagten Gunst seiner liebsten Bettgenossin gehen.[63]

Spanisch kam mir vor, dass es neben *ceinture* auch *ceinturon* gibt, was das Koppel eines Soldaten bezeichnet. Das ist ein eher großer Gürtel. Im Französischen ist *«-on»* aber eine Verkleinerungsform. In so einem Fall schaut man am besten gleich bei den Italienern nach, und siehe da, dort gibt es *cinturone* (Koppel). Sollte *ceinturon* – wie *million* usw.[64] – von den Italienern übernommen worden sein, bei denen *«-one»* ja eine Vergrößerungsform darstellt? Nachschlagen bei Dauzat und Robert brachte nicht viel, denn Ersterer meint, dass *ceinturon* anfangs einen kleinen Gürtel bezeichnete, während Letzterer das Gegenteil behauptet. Gelehrte sind eben auch nur Menschen.

---

63 Falls Sie jetzt an einen Keuschheitsgürtel als vom Mittelalter inspirierte Rache denken: Den bietet das Französische natürlich auch, nämlich als *ceinture de chasteté*.

64 Siehe das Kapitel «Seid umschlungen, Millionen».

Der Zöllner – ein echt unechter Franzose

Der Zoll und die Zollstation werden im Französischen beide mit dem Wort *douane* ausgedrückt. Der Beruf des Zöllners *(douanier)* ist im kollektiven Gedächtnis der Franzosen trotz seines allmählichen Verschwindens aus dem EU-Alltag hauptsächlich dank eines Sketches von Fernand Raynaud immer noch präsent. Dieser Sketch heißt *Le douanier* (Der Zöllner) und führt ein Mitglied dieses Berufsstandes mit ebenso fremdenfeindlichen wie selbstentlarvenden Parolen vor, wie:
J'aime pas les étrangers parce que moi je suis français, et je suis fier d'être français.
Mon nom à moi, c'est Koularkientensky du côté de ma mère... et Piazzano-Venditti du côté d'un copain à mon père.
C'est pour vous dire si j'suis français!
J'aime pas les étrangers, ils viennent manger l'pain des français...

Schwer zu schaffen machte der realen Berufsgruppe der Zöllner vor allem der ständige Refrain:
J'suis pas un imbécile moi, puisque j'suis douanier.

Auch im Dorf des Zöllners lässt sich einer dieser Ausländer nieder, die «das Brot der Franzosen essen». Doch dort schreitet man zur Tat und vertreibt den Eindringling.

Leider gibt es seitdem kein Brot mehr im Dorf, denn der Ausländer war der Dorfbäcker ...

Etymologie – nur für Neugierige

Douane (Zoll, Zollstation) ist ein weitgereistes Wort. Es begann seine Geschichte in Persien als *diwan* (Zollstation) und gelangte über das arabische *diwan* ins mittelalterliche Latein oder Altitalienische, wo es als *doana* oder *dovana* firmierte. Von dort gelangte es als *dohanne*[65], dann *doana / doane* ins Altfranzösische, woraus dann das moderne *douane* wurde.[66]

Douanier (Zöllner) ist ein von *douane* abgeleitetes Substantiv.

Die Frau als Problem

Bei der Marine heißt es im Notfall: *Les femmes et les enfants d'abord! Pourquoi? Parce qu'après, les requins n'ont plus faim.* – *Aïe aïe aïe!* So ein Ausrutscher, nur weil ich einen Grund suchte, zuerst über die Frau zu reden ...

Dass das französische ***femme*** vom lateinischen *femina(m)* kommt, ist wohl kein Geheimnis mehr. Aber ein paar Dinge sind dennoch erwähnenswert (nur rein sprachlich, denn das Thema der real existierenden Frau würde den Rahmen dieses Textes sprengen).

Zum einen sieht man hier die Rolle des vom Lateinischen geerbten, aber später verlorenen Wortakzents. Man betonte die Frau im Latein auf der vorvorletzten Silbe[67], also: *f**e**mina(m)*. Da beim Übergang vom Lateinischen zum Altfranzösischen regelmäßig der Vokal nach der betonten vorvorletzten Silbe ausfiel, wurde daraus **femna* und dann durch Konsonantenassimilation *femme*.

Die «unregelmäßige» Aussprache */famme/* ergab sich in Wirklichkeit durch eine regelmäßige Entwicklung. Im Altfranzösischen wurde nämlich der Vokal vor «*m* + Konsonant» immer nasalisiert, auch wenn der folgende Konsonant wieder ein «*m*» war. Zugleich fiel die Aussprache von «*em* + Konsonant» zusammen mit «*am* + Konsonant» (vergleiche *ambitieux* und

---

65 Das «*h*» sollte hier wohl nur vermeiden, dass «*oa*» als Diphthong missverstanden werden konnte.

66 Etymologie nach ROBERT.

67 Antepänultima im Linguistenjargon.

embêtant), so dass man */fãme/* sagte. Nur der spätere Wegfall der Nasalisierung vor doppeltem *«m»* lässt die Aussprache von *femme* heute als unregelmäßig erscheinen.

Der Übergang von der Frau zur Schwarte und zur Faulheit mag deplaziert und auf jeden Fall ungalant wirken, aber aus rein sprachlichen Gründen müssen wir nun diesen Absprung wagen.

Couenne (Schwarte) hatte ein ganz ähnliches Schicksal wie *femme*. Es stammt von einem volkslateinischen **cutinna*, in dem man unschwer den Stamm *«cut-»* (Haut) erkennt, der heute noch in medizinischen Ausdrücken wie *piqûre sous-cutanée* (subkutane Spritze) geläufig ist. Wegen der Betonung der vorletzten Silbe[68] blieb das *«i»* – das in geschlossener Silbe zu *«e»* geworden war – erhalten, so dass das zwischen Vokalen stehende *«t»* erst zu *«d»* abgeschwächt wurde und schließlich verschwand. Das vortonige *«u»* blieb erhalten, wurde dann aber *«ou»* geschrieben, hat jedoch heute wegen der Kollision mit dem folgenden Vokal nur noch den Wert eines Halbvokals wie englisches *«w»*. Die Aussprache */couanne/* kommt von dem gleichen Nasalisierungs-, Anpassungs- und Denasalisierungsmechanismus wie die von *femme*, denn im Altfranzösischen verhielt sich «*n* + Konsonant» genau wie «*m* + Konsonant».

Dass es für die Frau und die Schwarte nach einer längeren «Sprachreise» durch Italien ganz anders hätte kommen können, zeigt das Beispiel der Faulheit und der möglicherweise übergroßen Gelassenheit.[69]

Flemme (Faulheit) ist heute ein sehr beliebtes Wort der familiären Sprache (statt *paresse*). *Tu ne fais pas de sport aujourd'hui? Non, j'ai la flemme. A vrai dire c'est depuis plusieurs jours que je me traîne une flemme pas possible!* Es hat gleich mehrere Ab-

---

68 Pänultima im Linguistenjargon.

69 Sagen Sie jetzt nichts politisch oder überhaupt Unkorrektes über die Bewohner unseres beliebtesten Urlaubslandes! Bei 40° im Schatten, ohne Klimaanlage und mit einer gefühlt unabwählbaren «Elite» an der Spitze des Staates würden Sie auch einen Gang zurückschalten!

leger hervorgebracht, von *flemmard* / *flemmarde* (faules Stück) über *flemmarder* (faulenzen) und *flemmardise* (Faulheit) bis zu *flémingite*, dem von *méningite* (Hirnhautentzündung) abgekupferten Gipfel der Faulheit. Dieses Wort hat nicht den gleichen Nasalisierungs-, Anpassungs- und Denasalisierungsmechanismus wie *femme* durchgemacht, denn es wurde zu einer Zeit vom Italienischen ins Französische übernommen[70], als diese Entwicklung bereits beendet war. Man spricht es daher aus, wie es dasteht, mit einem offenen *«e»*. Die französische Lautentwicklung hat es lediglich noch geschafft, das *«a»* des italienischen *flemma* zu dem typisch französischen «stummen *e*» abzuschwächen.

Flegme (Gelassenheit, möglicherweise übergroße) geht wie das dem französischen *flemme* zu Grunde liegende italienische *flemma* letztlich auf ein lateinisches *phlegma* zurück, das im Altfranzösischen *fleume* und *fleugme* ergeben hatte. Die heutige Gestalt verdankt es laut ROBERT einer «Rückkehr zu den Wurzeln», die im 18. Jahrhundert stattfand.

Von germanischen Wirren zu französischem Krieg

Man kann sich als Deutschsprechender das Lernen mancher französischer Vokabeln erleichtern, wenn man an eine mögliche germanische Herkunft denkt. Dies ist der Fall bei vielen Wörtern, die im Französischen mit *«g»* oder *«gu»* anfangen, das – angeblich oder wirklich – von einem germanischen *«w»* kommt. Denken Sie nur an *garder* (hüten, bewahren), das nicht umsonst an deutsch «warten» und «Wärter» erinnert. Auch die Herkunft des Wortes *guerre* von germanischen «Wirren» liegt auf der Hand. Bei *garant* (Beweis, Zeuge) und den Ableitungen *garantie* (Garantie, Gewährleistung), *garantir* (garantieren, gewährleisten) hilft der Gedanke an das englische *warranty* (Garan-

70 Im 18. Jahrhundert, nach ROBERT.

tie). Mit etwas Fantasie kann man in *gâter* (verderben) deutsch «Wüste» und «verwüsten» erkennen. Es wäre allerdings fatal, das Wort *gâteau* in denselben Topf zu werfen, denn es kommt von einem altfränkischen Wort, das etwas mit Nahrung zu tun hatte und in «wachsen» wiederzufinden ist. Man muss diese möglichen Verwandtschaften also mit Vorsicht genießen – wie alle Verwandtschaften. Und einige Beispiele stehen nur mit Vorbehalt in den entsprechenden Wörterbüchern.

Eine umfängliche, aber nicht nach Vollständigkeit strebende Liste solcher Wörter finden Sie im Anhang 4: «Französisches ‹g› und germanisches ‹w›».

Die Zahl Null

Ein ganzes Kapitel über die Zahl Null? Ist das nicht übertrieben? Null ist doch nichts, und über nichts kann man doch eigentlich nichts sagen! *Tant de bruit pour rien?*

An dieser Stelle rechne ich natürlich fest mit dem heftigen Protest aller Mathematiker, denn denen ist klar, dass unsere ganze moderne Mathematik ohne die Zahl Null undenkbar wäre. Das römische Zahlensystem ist – unter anderem – am Fehlen der Null zugrundegegangen!

Aber auch alle Romanisten sollten protestieren, denn im Französischen ist der Fall der Null besonders interessant.

Machen wir einen kleinen Test: Die Überschrift dieses Kapitels würde auf Französisch *Le chiffre zéro* lauten. Wieviele Wörter sehen Sie da, abgesehen vom Artikel? Dachte ich mir's doch: Sie sehen zwei Wörter. Ich selbst sehe aber nur eines. Warum?

Unser Zahlensystem hat seinen Ursprung in einem alten indischen System, das uns auf dem Weg über die arabische Mathematik überkommen ist. In diesem System gab es ein arabisches Wort *sifr*, das soviel wie «Korn», «Leere» oder «Nichts» bedeutete. Dieses Wort machte sich auf den Weg, Europa zu erobern, und zwar gleich (mindestens) zweimal:[71]

- arabisch *sifr* (Korn, Leere, Nichts) > spätlateinisch *cifra* > altfranzösisch *cifre* > [Einfluss des italienischen *cifra*] > französisch *chiffre* (Ziffer)
- arabisch *sifr* (Korn, Leere, Nichts) > italienisch *zephiro* > *zevero* > *zero* > französisch *zéro* (Null)

Dasselbe arabische Wort hat also auf jedem seiner Wege ein anderes französisches Wort mit einer völlig anderen Bedeutung hervorgebracht.

Aber das (Römische) Imperium schlägt zurück[72], nicht mit Jedi-Rittern, sondern mit dem vom lateinischen *nullu(m)* kommenden Adjektiv *nul* (kein, nichts) und Ableitungen wie *il est nul* (er ist eine Null, er taugt oder weiß nichts), *c'est une nullité* (das Gegenteil einer *personnalité*, also ebenfalls eine Null), *annuler* (annullieren, stornieren) und *annulation* (Annullierung, Stornierung). Daneben bietet Rom noch die zum Substantiv gewordene Verneinung *néant* (Nichts; entfällt, nicht zutreffend) mit vielen Ableitungen, die aber mit Ausnahme von *anéantir* (vernichten), *anéantissement* (Vernichtung) und *néanmoins* (jedoch, nichtsdestoweniger) hauptsächlich von den beklagenswerten französischen Übersetzern der Heideggerschen Werke stammen, die voll des Nichtens und der Nichtung sind und auch bei Jean-Paul Sartre ihren Niederschlag gefunden haben.[73] Aber das ist eine andere Geschichte ...[74]

---

71 In Anlehnung an die französische Wikipedia (unter «Chiffre» bzw. «Zéro»).

72 Danke, Star Wars!

73 Wenn man Texte übersetzt, in denen das Nichts nur so vor sich hin nichtet, können einem leicht Wörter wie *néantir*, *néantiser*, *néantissant*, *néantisateur*, *néantisation* und sogar *néantité* aus der Feder rutschen.

74 Danke, Michael Ende!

Anleihen

Sprachliche Phänomene sind nicht urheberrechtlich geschützt, daher kann man nicht von Plagiat reden. Aber es ist doch interessant zu sehen, wie oft sich Sprachen – so auch das Französische – ihre Inspirationen einfach schamlos bei anderen Sprachen abschauen. Wobei natürlich nicht die Sprachen abschauen, sondern die Menschen, die sie sprechen.

Alarme – der italienische Dreierpack

Zu den Zeiten, da man zum Alarmschlagen nicht auf einen roten Knopf drücken oder am Telefon eine Sondernummer wählen konnte, sondern wild in die Gegend schreien musste, brauchte man einen Ausdruck, der nicht nur gut zu hören, sondern auch kurz war und dabei sagte, was Sache war. «Alarm» eben!

So kurz dieser Ausruf auch ist, er besteht aus drei (!) Wörtern: einer Präposition, dem bestimmten Artikel und einem Substantiv. In der heutigen Form ist er aber kein Franzose, sondern ein Italiener. Letztere brüllten nämlich *All'arma!* Das bedeutete «Zu den Waffen!» Der Schrei war ursprünglich nämlich ein rein militärischer.

Das klassisch-lateinische Neutrum-Plural-Wort *arma* (Waffen, Rüstung) war bereits im Spätlatein zum Feminin Singular übergegangen, was sicher durch die ans Femininum erinnernde Neutrum-Plural-Endung *«-a»* erleichtert worden war. Die Italiener behielten dies für den Alarmruf so bei, während die Franzosen erst unter dem Einfluss der Italiener *Alarme!* schrien[75]. Vorher, schon im Rolandslied[76], riefen sie – im Plural – *Aux armes!*

75 Nach ROBERT ab dem 15. Jahrhundert.

76 1080, altfranzösisch *as armes*.

Auf Altfranzösisch natürlich. Sie hatten also zu dem Wort, das vom Plural in den Singular gewandert war, einen neuen Plural gebildet[77].

Da fällt Ihnen sicher *Aux armes, citoyens!* ein. Vor dem Hintergrund der Sprachgeschichte erscheint dieser Aufruf der Französischen Revolution von 1789 wie eine Art Rückkehr zu den Wurzeln.

Damit ist die Geschichte aber noch nicht abgeschlossen, denn zu dem Ausruf wurden – obwohl er schon aus drei Wörtern bestand, Ableitungen gebildet. Beispiele: *(cri d')alarme* (Alarmruf), *alarmer* (beunruhigen, alarmieren), *alarmant* (beunruhigend, beängstigend), *alarmiste* (dramatisierend).

Dem technischen Fortschritt scheint der französische Ausdruck *signal d'alarme* (Notbremse) hinterherzulaufen. Dem ist aber nicht unbedingt so.[78] Denn in vielen Anwendungsfällen bremst die Notbremse nicht automatisch, sondern gibt aus Sicherheitsgründen nur dem Fahrer ein Alarmzeichen, *un signal d'alarme*, dass er dringend bremsen soll. Wie anno dazumal oder auf See.

Allô – qui est à l'appareil?

Was wurde über das Allerweltswort *allô*, ohne das ein Franzose kein Telefongespräch beginnt, nicht alles geschrieben! Mal war es eine «Variante» eines älteren, Aufmerksamkeit verlangenden Rufs *hollo* oder *holla*[79], mal ein denasalisiertes *allons*, mal ein französisiertes englisches *hello* oder *hallo*. Das Einzige, woran

77 Diese neue Pluralbildung für Waffen und Waffengattungen findet man auch in anderen romanischen Sprachen, z. B. dem Italienischen und Spanischen.

78 Merken Sie sich diesen subjektlosen Satz für das Kapitel «Gegenstandslose Sätze»! Die gibt es nämlich auch im Deutschen.

79 Robert spricht von einem Beleg aus dem 16. Jahrhundert. Nicht fürs Telefon, sondern für den Ausruf!

keiner zu zweifeln scheint, ist die Tatsache, dass bei dem heutigen Ausdruck von vornherein ein Bezug zum Telefon und zu den USA bestand.

Und da kommen die Ungarn ins Spiel. Die erste amerikanische Telefonzentrale in Boston wurde nämlich von ungarischen Wissenschaftlern unter der Leitung eines Mannes namens Tivadar Puskás entwickelt[80]. Als während des Tests dieser Anlage endlich eine Verbindung aufgebaut werden konnte, soll Puskás ein ungarisches Wort ins Telefon gesagt haben. Leider scheint sich – außer Wiki, aber war die dabei? – keiner genau zu erinnern, was das für ein Wort war, aber es soll mit *«hallo-»* angefangen haben. Das klingt wahrscheinlich, denn das ungarische Verb *hall*[81] bedeutet «hören», und mehrere seiner Formen würden hier passen.[82] Auf jeden Fall hat die Nachwelt nur *Hallo* im Gedächtnis behalten, und der wichtigste französische Auslandskorrespondent scheint das Wort ohne das für französische Ohren unnötige «*h*» nach Paris gemeldet zu haben. *Allô?* Und das war's dann.

Boutique – der Laden mit den Apothekerpreisen

Wenn Ihnen manche Boutique so teuer wie eine Apotheke vorkommt, haben Sie den richtigen Riecher gehabt. Denn sprachlich gesehen ist jede Boutique eine Apotheke. Und die Apotheke ist, natürlich wieder nur sprachlich gesehen, eine griechische

80 Nein, Sie irren sich! Der vom Wunder von Bern war Ferenc Puskás. Und außerdem konnte der kicken!

81 Das ist die 3. Person Singular Präsens, die übliche Grundform eines ungarischen Verbs.

82 Siehe KÖVARY sowie die deutsche Wikipedia unter «Hallo» oder «Tivadar Puskás». In letzterem Artikel meint Wiki sogar genau zu wissen, welche Verbform von welchem Sprecher verwendet wurde.

Einrichtung, in der jeder Patient seiner persönlichen Euro-Krise nachgehen kann. Nein, das war unsachlich!

Aber die Apotheke kommt wirklich aus dem Griechischen, und das deutsche Wort entspricht – typisch deutsch – ziemlich genau dem altgriechischen Wort *αποθηκη* und wird auch ähnlich wie dieses ausgesprochen.

Die Franzosen dagegen haben das gleiche Wort nicht aus dem klassischen Griechisch, sondern aus einer späteren, volkstümlicheren Entwicklungsstufe übernommen, als das *«π»* (p) bereits zu *«β»* (b) abgeschliffen war und der für das gesprochene Griechische typische Jotazismus zugeschlagen hatte.[83] Aus der *apotheke* war damals bereits eine *aboutiki* geworden, was im Französischen mit bestimmtem Artikel *l'aboutique* wurde. Und dann passierte das Gegenteil von Agglutination, nämlich eine Aphärese[84], ein Abschneiden, denn irgendwann wusste der französische Mann auf der Straße wie auch dessen Frau nicht mehr, wo der Artikel aufhörte und das Substantiv anfing. So wurde aus *l'aboutique* schließlich *la boutique*, und dabei blieb's – sowohl sprachlich als auch geldmäßig.

Und *boutique* ist dann aus dem Französischen ins Deutsche gelangt, wo es auf die bereits länger heimische «Apotheke» stieß. Eine Wiedervereinigung fand jedoch nicht statt. Oder nur beim Preisniveau. So existiert jetzt bei uns mit *Boutique* und *Apotheke* dasselbe Wort in zwei verschiedenen Formen sozusagen neben sich selbst.

Ganz nebenbei: Die französische Apotheke, die für Arzneien, nicht die für die Klamotten *(les fringues)*, heißt im modernen Französisch *pharmacie* und der Apotheker *pharmacien*. Auch die Apothekerin ist als *pharmacienne* in aller Munde – trotz aller Kassandren dieser Welt, die vor einer möglichen Verwechslung

83 Unter Jotazismus versteht man die Umwandlung verschiedener Vokale und Diphthonge zur Aussprache des Jota *(i)*.

84 Oder auch Apokope.

mit der Frau des Apothekers *(la femme du pharmacien)* warnen. Der alte *apothicaire*, zu dem es auch eine (kaum noch gebrauchte) *apothicairesse* gibt, kommt nur noch in rufschädigenden Ausdrücken wie *comptes d'apothicaire* (pingelige Abrechnung) oder *prix d'apothicaire* (überhöhte Preise) vor. So schließt sich der Kreis.

Die Franzosen lieben (zu Recht) ihre Sprache, aber noch mehr den geistreichen, spielerischen und humorvollen Umgang mit ihr. Wenn die richtige Runde von Freunden beisammen ist, kann man einen tränenreichen Abend verbringen. Vor Lachen! Da jagt ein Sprachwitz den anderen, und als Nicht-Franzose hat man oft Mühe, allein mit dem Verstehen nachzukommen. Da werden dann alle sprachlichen Register gezogen, und wenn eine der anwesenden Personen sich im französischen Homophoniengestrüpp verheddert oder eine (vielleicht) ungewollte *contrepèterie* (Buchstabenverdrehung) zum Besten gibt, dann ziehen alle lachend nach.[85] Beim Sprachwitz sind die Franzosen übrigens weniger prüde als wir Deutschen. Dafür sind sie es im Leben mehr. Sagt meine Frau, die eine Französin ist.

Die Teppichfalle

Wer kennt nicht diese gefährliche Situation: Man hat es eilig, ein Zimmer zu durchqueren, aber auf einmal bleibt man mit einem Fuß oder mit beiden Füßen am Teppich hängen. *On a les pieds dans le tapis*, und man braucht viel Glück und Gleichgewichtssinn, um nicht hinzufallen.

Diese alltägliche Redewendung nutzt die französische Satirezeitung *Le Canard enchaîné* in ihrer Ausgabe vom 06.02.13 aus, um die mutmaßlich immer größere Verstrickung von Christine Lagarde, immerhin Generaldirektorin des Internationalen Währungsfonds, in die Finanzabenteuer des französischen Geschäftsmanns, Politikers

85 Manchmal wird sehr stark verdreht. Ich denke da an *je transpire de grosses gouttes*, das per *contrepèterie* zu *je transgoutte de grosses spires* werden kann.

und Schauspielers Bernard Tapie satirisch zu überhöhen. Der Trick ist einfach: Aus *avoir les pieds dans le tapis* wird ein völlig gleich lautendes *avoir les pieds dans le Tapie*, und schon weiß jeder Franzose und natürlich auch dessen Frau, was gemeint ist.

Für solche Sprachspielereien ist *Le Canard enchaîné* eine wahre Fundgrube. Aber nicht alle sind so leicht durchschaubar wie die hier genannte. Und nicht alle gehen mit der Sprache so behutsam um. Ein Beispiel: Am 26.06.13 berichtet der «*Canard*» von der Erfindung einer *machine à laver pour chiens* (Hundewaschmaschine). Da kommt natürlich die Sorge auf, was mit dem armen Hund bei einem (sicher nicht vorgesehenen) Schleudergang passiert. Und schon wird der Plot betitelt mit *Triste essore*. Ein Wort *essore* gibt es nicht, aber es sieht aus wie eine Form des Verbs *essorer* (schleudern), und das Ganze klingt so ähnlich wie das allseits bekannte *triste sort* (trauriges Schicksal). Musik in französischen Ohren!

Um diese Zeitung mit Genuss zu lesen, braucht man umfassende Kenntnisse nicht nur der französischen Sprache, sondern auch der französischen Politik, Wirtschaft, Kultur und überhaupt von allem, was in Frankreich – oft hinter vorgehaltener Hand – in aller Munde ist.

Le Canard enchaîné kommt übrigens immer noch ohne Werbung aus. Hut ab vor den Machern und vor den Lesern!

ACHTUNG: Wenn jemand zu Ihnen sagt: *Je vais chercher <u>un</u> canard*, dann meint er irgendeine Zeitung. Sagt er aber: *Je vais chercher <u>le</u> canard*, dann meint er <u>seine</u> Zeitung – oder den *Canard enchaîné*!

Etymologie – nur für Neugierige

Avoir kommt von dem lateinischen *habere* (haben), dessen verstummendes «*h*» im Französischen schon früh weggelassen wurde. Das zwischen Vokalen stehende «*b*» wurde zu «*v*» abgeschwächt, das betonte *«e»* wurde erst zu *«ei»*, dann zu *«oi»* diphthongiert, die unbetonte Endung *«-e»* dagegen abgeworfen. All dies geschah, wie es sich nach den französischen Lautentwicklungsregeln gehörte. Das gilt auch für das merkwürdig geschriebene Partizip *eu*, bei dem die Franzosen noch ein Stück weiter gingen. Ausgangspunkt war hier eine volkslateinische Form **(h)abutu(m)*. Das zwischen *«a»* und *«u»* stehende *«b»* wurde nicht nur abgeschwächt, sondern eliminiert, genau wie das *«t»* in ähnlicher Stellung. Die Endung *«-u(m)»* sowieso. Das unbetonte *«a»* vor betontem *«u»* wurde erst zu *«e»* abgeschwächt und verstummte dann, blieb aber leider in der Schrift erhalten – was heutige Französischschüler verwirrt.[86]

Die Herkunft des Wortes ***canard***, das heute normalerweise einen Erpel oder Enterich oder auch einfach eine Ente unbekannten Geschlechts bezeichnet, ist umstritten. Am wahrscheinlichsten ist[87] die Ableitung von einem früheren Verb *caner* (schnattern). Auf Menschen wurde es zeitweise auch angewandt und benannte dann einen Schwätzer. Diese Bedeutung wurde dann auf eine nicht sehr geschätzte Zeitung und schließlich auf jede Zeitung übertragen. Die Zeitung *Le Canard enchaîné* trägt folgerichtig das Bild zweier Enten auf der ersten Seite *(sur la une)*, und die Titel einiger Rubriken spielen mit diesem Bild: *Le canard déchaîné* (Die entfesselte Ente), *La mare aux canards* (Der Ententeich), *minimares* (Mini-Ententeiche).

Pied stammt von lateinisch *pede(m)* (Fuß). Das kurze *«e»* des Wortstammes wurde zu *«ie»* diphthongiert, und die unbetonte Endung *«-e(m)»* verstummte schon früh. Soweit verlief alles nach den allgemeinen Regeln. Aber dass da immer noch

86 Man wollte da anscheinend kein aus einem einzigen Buchstaben bestehendes Wort entstehen lassen. Bei ähnlich gelagerten Partizipien, die wenigstens einen Konsonanten über die Jahrhunderte retten konnten, hat man das verstummte *«e»* in der Schrift weggelassen. Beispiele: *bu, cru, crû, dû, échu, lu, mu, plu, pu, su, vu.*

87 Nach Robert.

ein – nicht ausgesprochenens – *«d»* steht, hätte nicht sein müssen. Man behielt es wohl bei, um die Aussprache des Diphthongs abzusichern – sonst hätte es nämlich eine Verwechslung mit *pie* (Elster), geben können, oder man hätte **pié* schreiben müssen. Vielleicht sollte das *«d»* auch einfach als Denkmal für die Abstammung des Wortes dienen.

Tapis kommt laut DAUZAT von einem griechischen Wort, das ungefähr wie */tapitzion/* ausgesprochen wurde und den Kreuzfahrern auf ihrem Weg ins sogenannte Heilige Land begegnet war. Wo auch sonst? Das Morgenland war schon immer das Land der Teppiche. Auch fliegender.

Wie bringt man eine Katze zum Bellen?

Den folgenden, typisch französischen Witz *(blague)* hat mir jemand erzählt (ein Franzose natürlich), der selbst nicht mehr wusste, woher er ihn hatte. Zwei Leute befinden sich in einem Frage- und Antwortspiel.

Frage:	*Comment on fait pour faire aboyer un chat?*
Antwort:	*On lui donne une tasse de lait.*
Rückfrage:	*Et alors?*
Lösung:	*Il l'a boit.*

Das Ganze funktioniert natürlich nur, weil beim schnellen Sprechen, also bei normaler französischer Sprechweise, *Il l'a boit* sich genauso anhört wie *Il aboie.*

Chinesen – chinesische und französische

Mit diesem Adjektiv muss man in Frankreich vorsichtig sein, denn ein Ausdruck wie *Il est chinois* kann einerseits «Er ist ein

Chinese», andererseits aber auch «Er ist pingelig» bedeuten. Bei *Qu'est-ce qu'il est chinois!* ist die Sache aber eindeutig: Der Mensch ist (angeblich) pingelig.

Als Charles de Gaulle zum ersten Mal mit Mao Tse-tung (damals schrieb man diesen noch so[88]) in China vor den Fernsehkameras posiert hatte, machte in Frankreich der Journalistenwitz die Runde, demzufolge man nicht wusste, welcher von beiden der chinesischste war *(on ne savait pas lequel était le plus chinois des deux)*, was – zu Recht oder Unrecht – auf den Doppelsinn von *chinois* anspielte.

Gallier – die heutigen Franzosen

Glauben Sie nicht, es gebe keine Gallier mehr! Und sagen Sie es vor allem keinem Franzosen! Denn in jedem Franzosen, der etwas auf sich hält, lebt ein schlauer Astérix, wenn nicht gar ein hinkelsteinwerfender Obélix. Und seine wahre Heimat ist ein kleines Dorf in der Bretagne, das auch im Jahre 2014 unserer Zeitrechnung immer noch tapfer den verrückten Römern widersteht *(«Ils sont fous, ces Romains!»)*. Goscinny und Uderzo sei Dank!

Der Sprachwitz lauert in Frankreich überall. So auch hier. Da der lateinische Name Galliens *(Gallia)* stark an *gallu(m)* (Hahn, Gockel) erinnert, spielt der männliche Hühnervogel als unzähmbarer und unermüdlicher *coq gaulois* in französischen Witzen eine große Rolle als gern durch den Kakao gezogenes nationales Symbol. Das Gleiche gilt für den Hahnenschrei Kikeriki, der im Französischen allerdings *cocorico* lautet. *Qu'est-ce qu'ils sont cocorico ces français!* habe ich schon oft gehört, und immer aus dem Mund eines Franzosen. Beide Ausdrücke erinnern nicht nur

88 Wer heute Zeitung liest, findet nur noch Mao Zedong. Das ist ungefähr so, wie wenn man statt Paris nur noch Pari schriebe, weil die Franzosen das so aussprechen.

zufällig an die *cocarde*[89], mit der sich die großen politischen Gegenspieler während der Revolution von 1789 voneinander abgrenzten: *cocarde blanche* (Royalisten) gegen *cocarde tricolore* oder *cocarde nationale* (Revolutionäre).

Etymologie – nur für Neugierige
Woher der französische *coq* kommt, wissen auch die Gelehrten nicht wirklich. Von den wort- und windungsreichen Ausführungen von Robert will ich Ihnen nur soviel verraten, dass eine Lautmalerei für das Krähen des Hahns zu dem spätlateinischen Substantiv *coccu(m)* (Hahn, Gockel) geführt haben könnte, das dann gemäß den Regeln der französischen Lautentwicklung zu *coq* wurde. Da der französische Hahn *cocorico* kräht, klingt das ganz plausibel. Aber wie gesagt, die Gelehrten streiten sich noch.

Viel Lärm um nichts

Als Autor kann man an seinem eigenen Buch lernen. Diese Erfahrung mache ich gerade. Denn ein halbes Jahrhundert lang habe ich in der Illusion gelebt, dass *Tant de bruit pour une omelette* die normale Übersetzung für das deutsche «Viel Lärm um nichts» und das Shakespeare'sche «Much Ado About Nothing» sei. Keine Ahnung, wer mir das beigebracht hatte. Im schlimmsten Fall ich selbst. Auf jeden Fall stimmt diese Übersetzung nicht immer – wie ich seit heute weiß.

Die «offizielle» französische Übersetzung des Shakespeare'schen Stücks ist nämlich *Beaucoup de bruit pour rien*, was nah am Originaltitel bleibt, und auch die Alltagsfloskel «Viel Lärm um nichts» wird von den Franzosen meist – je nach Situation – mit

89 Früher *coquarde* geschrieben.

Beaucoup de bruit pour rien oder *Tant de bruit pour rien* wiedergegeben.

Das heißt jedoch nicht, dass es den Ausspruch *Tant de bruit pour une omelette* nicht gäbe! Er soll von dem französischen Schriftsteller Jacques Vallée des Barreaux[90] stammen, und zwar nicht als literarisches Zitat, sondern als Ausspruch des Schriftstellers selbst in folgendem Erlebnis[91]:

Des Barreaux bestellte an einem Feiertag in einem Gasthaus ein Omelette mit Speck. Der Wirt war damit aus religiösen Gründen nicht wirklich einverstanden, servierte aber dennoch das Gewünschte. Sogleich gab es einen fürchterlichen Donnerknall, den der Wirt als Zornesausbruch Gottes auslegte. Und um den Wirt zu beruhigen, soll des Barreaux das Omelette mit den Worten *Tant de bruit pour une omelette!* aus dem Fenster geworfen haben.

Es scheint nicht überliefert zu sein, wem das Omelette auf der Straße um die Ohren geflogen ist.

Epilog

Franzosen lieben ja Wortspiele über alles. Daher entfaltete auch das Wort *omelette* seine inspirierende Wirkung. Es ist allerdings nicht bekannt, wer zum ersten Mal von einem ungeliebten Schwächling sagte: *C'est pas un homme mais une omelette!*

---

90 1625–1673.

91 Nach deacademic.com.

Belgisches Intermezzo

Die Belgier sind ja die Ostfriesen der Franzosen, und viele deutsche Ostfriesenwitze findet man in Frankreich als Belgierwitze wieder. Manche passen aber nur auf die Belgier (zu Recht oder zu Unrecht), wie der folgende. Und manche sind unübersetzbar, wie der darauf folgende.

Fondue belge

Frage: *Qu'est-ce qu'une fondue belge?* (Was ist ein belgisches Fondue?)

Antwort: *Des frites trempées dans la purée de patates.* (Pommes, die man in Kartoffelbrei taucht.)

Puristischere Kreise würden natürlich stattdessen eher von *pommes de terre frites trempées dans la purée de pommes de terre* sprechen. Aber das klingt schwerfällig, und in solchen Kreisen erzählt man keine Belgierwitze.

Zum kulturellen Hintergrund dieses Witzes ist zu sagen, dass die Franzosen die Belgier für begeisterte Kartoffelvertilger halten. Und die Belgier glauben, dass die Franzosen die Belgierwitze nur erfunden haben, um von ihren eigenen Schwächen abzulenken. *Qui dit mieux?*

Service militaire belge
Frage: *Pourquoi est-ce que les Belges font leur service militaire de préférence dans les sous-marins?*
Antwort: *Parce qu'au fond ils ne sont pas si bêtes.*

Sie fragen sich, warum dieser Witz *(cette blague)* nicht schon auf Deutsch kursiert, um die Ostfriesen einmal mehr zu veräppeln? Ganz einfach, weil das nicht wirklich geht. Das hat nichts mit den Belgiern oder den Ostfriesen zu tun, sondern mit der Sprache. Mit *au fond* kann «am Grund» (z. B. des Meeres) oder «im Grunde (genommen)» gemeint sein. Auf diesen Doppelsinn kommt es an. Im Deutschen müsste man sich entscheiden, welche Variante man benutzen will, und das würde den ganzen Witz in Rauch aufgehen lassen.

Mit Verlust muss man rechnen

Die Sprachgeschichte ist nicht nur mit Erfolgsgeschichten und Zugewinnen gepflastert. Auch Verluste gehören dazu. Manche Dinge verschwinden einfach im Orkus einer vergessenen Vergangenheit. Aber meist nicht, bevor nicht ein adäquater Ersatz gefunden wurde. Das kann alles betreffen: Einzelwörter, Redewendungen, Flexionsformen, Syntaxregeln, einfach alles. Aber man muss auch mit Scheintoten rechnen.

Der Ablativ – wo ist er geblieben?

Nanu, was tut denn der hier? Der ist doch der am besten verdrängte Plagegeist aus dem Lateinunterricht, den viele von uns «genossen» haben!

Und er ist tätsächlich einer der bestgetarnten französischen Saurier. Zwar ist er in vielen seiner unzähligen lateinischen Schattierungen völlig untergegangen (z. B. als Rektionsfall nach Präpositionen). Aber ausgerechnet bei seiner von Lateinschülern am meisten gefürchteten Spielart, dem *ablativus absolutus*, profitiert er von der Tatsache, dass die französische Sprache in der Lage ist, diese Konstruktion mit den ihr verbleibenden Mitteln nachzubilden. Nur wer Latein gelernt hat, kann dahinter noch den dräuenden Kopf des Sauriers erkennen.

Da gibt es zunächst einige mehr oder weniger feststehende Wendungen wie:

Cela fait, on va pouvoir s'occuper du reste. (Nachdem dies getan ist, können wir uns um den Rest kümmern.)

Ceci dit, j'aimerais quand même partir en voyage. (Abgesehen vom bisher Gesagten würde ich dennoch gern auf Reisen gehen.)

Etant donné que la météo est mauvaise, il va falloir emporter un parapluie. (Angesichts der Tatsache, dass die Wettervorhersage schlecht ist, müssen wir einen Regenschirm mitnehmen.)

Les choses étant comme elles sont, tu n'as qu'à accepter le divorce. (Da die Dinge nun einmal so stehen, bleibt dir nichts anderes übrig, als in die Scheidung einzuwilligen.)

Dazu kommt eine gewisse freie Verwendung dieser Konstruktion, die – kurzgehalten – selbst im gesprochenen Französisch möglich ist. Beispiele:

Les invités étant partis, Paulette a commencé à débarrasser la table. (Als / da / nachdem die Besucher gegangen waren, begann Paulette den Tisch abzuräumen.)

Toute la famille étant malade, nous sommes obligés de rester à la maison. (Da die ganze Familie krank ist, müssen wir zuhause bleiben.)

Aber vor allem auf literarischem Gebiet wird diese Konstruktion gern verwendet, um einen gehobenen bis altertümelnden Stil zu erzielen. Beispiele bei Diwo:

Le prologue terminé par une danse au son des violons et des hautbois, les «fâcheux» [...] se succédèrent sur scène [...]. (Als der Prolog mit einem Tanz zum Klang der Geigen und Oboen beendet war, traten die «Fâcheux» nacheinander auf der Bühne auf [...].)

Le roi parti, les tables desservies et les lustres éteints, Vaux était en quelques instants devenu un géant moribond [...]. (Nachdem der König abgereist, die Tische abgetragen und die Leuchter gelöscht waren, war Vaux innerhalb weniger Augenblicke zu einem todgeweihten Riesen geworden [...].)

Typisch für diese französische Konstruktion wie für den lateinischen *ablativus absolutus* ist der Subjektwechsel zwischen dem Verb der Konstruktion und dem Satz, zu dem die Konstruktion gehört.

Da jeder, der den *ablativus absolutus* gelernt hat, auch dessen stärksten Gegenspieler, das *participium coniunctum*, und die Abgrenzung des einen vom anderen in der Schule hat büffeln müssen, kommt hier unweigerlich die Frage nach dem Verbleib des letzteren auf. Einfache Antwort: Es gibt es immer noch, es ist bei bester Gesundheit, wird aber im Französischen nicht unter diesem Namen gelehrt. Es gilt als ein Normalfall der Partizipverwendung, hat auch – wie gesehen – die oben genannten Fälle mit Subjektwechsel für sich vereinnahmt und steht heute in einem doppelten schulischen Abgrenzungskampf mit dem Adjektiv und dem *gérondif*, das wiederum nur eine Sonderform des Partizips mit Bezug auf das Subjekt des Satzes darstellt. Puuh ...

Nein, so kann ich das nicht stehen lassen. Nehmen wir ein Beispiel: Das Partizip *courant* wird einerseits wirklich als Partizip verwendet in Sätzen wie *Le chien courant dans la rue appartenait à mon oncle.* Andererseits ist es auch ein Adjektiv in Sätzen wie *Un remplaçant s'occupe des affaires courantes de l'employé malade.* Und schließlich findet es als *gérondif* Verwendung in Sätzen wie *En courant des risques trop gros les banques ont ruiné beaucoup de gens. – Ouf!* Jetzt verstehe ich meinen eigenen Text wieder!

Wenn Sie nach all dem noch an den *courant électrique* denken, dann wissen Sie, das das Partizip auch noch substantiviert werden kann. Ein echter Alleskönner!

Die Rettung der Biene – ein Exempel

Was wäre aus dem lateinischen Wort *ape(m)* (Biene) geworden, wenn man es seinem Schicksal überlassen hätte? Wenden wir doch einfach mal die gängigen Regeln der französischen Lautentwicklung an! Das betonte *«a»* in offener Silbe[92] wäre zu *«e»* geworden, das zwischen Vokalen stehende *«p»* wäre über *«b»* zu *«v»* abgeschwächt worden, und die Endung *«-e(m)»* wäre verstummt. Das nun am Ende des Wortes stehende *«v»* wäre erst zu *«f»* geworden und dann verstummt. Was wäre geblieben? Ein Ein-Buchstaben-Wort namens **é*. Das Sternchen zeigt, dass es so weit nicht gekommen ist. Warum? Weil man rechtzeitig die Notbremse gezogen und die (längere) Verkleinerungsform *apicula(m)* hergenommen hat, die dann zu *abeille* werden konnte.

Woher man weiß, wie es mit der Biene hätte kommen können? Ganz einfach: Erstens hat es im Altfranzösischen die Formen *ef* und *e* wirklich gegeben[93], und zweitens gibt es andere Wörter, denen es genau so ergangen ist, die aber genug Konsonanten zum Überleben hatten. Das bekannteste Beispiel dafür ist das lateinische *clave(m)* (Schlüssel), das über *clef* zu *clé* geworden ist.

---

92 Eine Silbe gilt als «offen», wenn sie auf einen Vokal endet.

93 Mögen sie ruhen in Frieden!

Reif fürs Museum?

Manche französische Wörter sehen einfach alt aus. Oft stehen sie wie Hinkelsteine in einer Tiefebene, aber trotz des weiten Landes um sie herum kommt keiner an ihnen vorbei. Neue Wörter schießen wie Pilze aus dem Boden, aber die alten bleiben und bleiben und bleiben.

Andere französische Wörter sehen trotz oder wegen häufigen Gebrauchs so neu aus, dass ihr Alter keinem mehr auffällt.

Wieder andere Wörter werden wirklich ins Sprachmuseum abgedrängt ... *Mais où sont les neiges d'antan?*[94]

Schauen wir uns einige Beispiele an!

Frisch und munter zeigt sich eine ganze Bande altgedienter Wörter aus der Tierwelt, die Männchen und Weibchen sowie oft auch die Nachkommenschaft von Wild- und Nutztieren bezeichnet. Dazu kommt manchmal ein Sonderwort für das Tier als menschliche Nahrung. Woher die Lebendigkeit? Ganz einfach: Da arbeiten Heerscharen von Landwirten, Metzgern und Jägern daran, diesen Wortschatz immer blank zu putzen – für den Fall, dass ihn der Mann oder die Frau von der Straße vergessen sollte. Die folgende Tabelle bringt einige Beispiele.

Deutsch	Männchen	Weibchen	Jungtier	Gattung / Nahrung
Hausschwein	verrat	truie	porcelet	porc
Hirsch	cerf	biche	faon (de cerf)	
Reh	chevreuil (mâle)	chevreuil, biche[95]	faon	
Rind	taureau	vache	veau	bœuf
Schaf	bélier	brebis	agneau	mouton
Ziege	bouc	chèvre	chevreau	
Wildschwein	sanglier	laie	marcassin	

94 Danke, François Villon!

95 Letzteres umgangssprachlich.

Andere Baustelle: Einem Wort wie *lancequenet* sieht man von Weitem an, dass es ein unromanisches und museales Stück[96] aus dem Mittelalter ist. Trotzdem braucht man es immer noch (manchmal), in historischen Texten. Denn es bezeichnet einen «Landsknecht» – und kommt auch tatsächlich von diesem germanischen Wort!

Noch einmal zu den *neiges d'antan*: Würde heute noch jemand diesen Ausdruck kennen, wenn da nicht dieses eine berühmte alte Lied wäre? Das Wort *antan* ist ein einsamer Saurier, der von volkslateinisch *antannu(m)* (Vorjahr) abgeleitet wurde, aber außer in dem Lied von François Villon keinerlei Anwendung mehr findet. Ein Einzeltextausdruck sozusagen, doch immer wieder mal für ein verstecktes Zitat gut.

Den Abmarsch vieler lateinischer Wörter ins museale Gruselkabinett konnten alle Rettungsbemühungen nicht immer verhindern. Aber bei manchen ist es gelungen, wenigstens ihr Andenken zu bewahren, indem man ihnen mit einem oder sogar mehreren Ablegern ein Denkmal setzte. So wurde lateinisch *ascendere* (steigen, aufsteigen) völlig von *monter* verdrängt, lebt aber in seinen Ablegern *ascendant* (aufsteigend), *ascenseur* (Aufzug) und *ascension* (Aufstieg, Himmelfahrt) weiter. Eine keineswegs vollständige Tabelle solcher Wörter finden Sie im Anhang 5: «Denkmäler verdrängter Wörter».

96 Oder mit Karl Valentin: musäales Stück.

Der große Substanzverlust der französischen Sprache auf ihrem langen Weg vom Latein zu ihrem heutigen Zustand ließ viele Wörter zu Formen zusammenschnurren, die – wenn überhaupt – nur noch in der Schrift zu unterscheiden sind, aber völlig gleich ausgesprochen werden. Heerscharen von Homophonien[97] bevölkern daher das heutige Französisch. Die französische Wikipedia schreibt[98]: *«L'homophonie est très fréquente en français (car elle peut se produire avec quasiment tous les mots, même les plus courants) et est la source de fautes d'orthographe très fréquentes.»* Trotz dieses Trostpflasters aus berufenem Munde bleibt, dass Homophonien die mündliche Verständigung – vor allem für Kinder und Nicht-Franzosen – erschweren, aber auch ihre besonderen Reize haben können. Denn Franzosen spielen gern mit ihrer Sprache.

Einige Beispiele und ein Lesetext sollen diese Thematik verdeutlichen.

Dreifache Homophonie: compte – comte – conte

Diese drei völlig gleich ausgesprochenen, aber anders geschriebenen Wörter kann ich persönlich nur durch Rückbesinnung auf ihre Herkunft auseinanderhalten, aber auch das hat seine Haken und Ösen.[99]

---

97 Da die Homophonie (gleiche Aussprache trotz verschiedener Schreibung) im Französischen der wichtigste Unterbegriff der Homonymie ist, wird sie manchmal mit dieser verwechselt. Näheres zur Terminologie siehe deutsche Wikipedia unter «Homophon».

98 Unter «Homophonie».

99 Im Folgenden folge ich weitgehend ROBERT.

Compte (Rechnung, Konto) kommt von lateinisch *computu(m)*, genau wie das dazugehörige Verb *compter* (zählen, rechnen, berechnen) von lateinisch *computare* abstammt. Ein Computer ist also einfach ein Rechner, wie man vor Einführung des «denglischen» Begriffs im deutschsprachigen Raum sagte. Die Franzosen haben sich darum aber nie geschert, denn für sie ist und war diese Maschine immer *un ordinateur*, neuerdings familiär auch einfach *un ordi* und unter IT-Fachleuten gern *une machine*.

Die Schreibung *compte* und *compter* ist aber das Ergebnis eines Hausputzes, der im 18. Jahrhundert die vom Altfranzösischen mit der Schreibung *conte* und *conter* geerbten Rechen-Wörter von den Erzähl-Wörtern absetzen sollte.

Conte (Erzählung) und **conter** (erzählen) haben die gleiche Herkunft wie *compte* und *compter*, nur haben sie ihre vom Altfranzösischen ererbte Form beibehalten. Das Unternehmen des 18. Jahrhunderts, die verschiedenen Bedeutungen ein und desselben Wortes in der Schrift ohne Auswirkungen auf die Aussprache voneinander zu unterscheiden, zeigt, dass die Autoren dieser Reform vor allem die Schrift, die Literatur im Kopf hatten, denn in der Aussprache blieb ja alles beim Alten. Mit dem Französischen war so etwas möglich. Doch stellen Sie sich vor, man wollte im Deutschen ein Königsschloss anders schreiben als ein Vorhängeschloss, ohne die Aussprache zu verändern! Das ginge gar nicht. Aber das ist eine andere Geschichte.[100]

Comte (Graf) kommt von lateinisch *comite(m)* (Begleiter). Im Altfranzösischen war dieses Wort ebenfalls zu *conte* geworden, aber besagter Hausputz hat daraus etymologisierend *comte* gemacht, was auch auf *comtesse* (Gräfin) und *comté* (Grafschaft) übertragen wurde.

100 Danke, Michael Ende!

Vierfache Homophonie: foi – foie – fois – Foix

Vier Wörter, vier Schreibweisen, eine Aussprache, wie kann da die mündliche Kommunikation funktionieren? Die gute Nachricht: Sie funktioniert. Trotz allem. Und dafür gibt es gute Gründe:

- die Verschiedenheit des grammatischen Geschlechts
- der Gebrauch ohne Artikel *(Foix)* bzw. mit Artikel (alle anderen)
- die klärende Wirkung des Kontextes und der Redesituation

Bei *ma foi* oder *la foi chrétienne* kann es nur um Treue und Glauben gehen. *Mon foie* ist dagegen eindeutig meine Leber. Von *mal au foie* kann ebenfalls nur die Leber betroffen sein. Selbst zwischen *plusieurs fois* und *plusieurs foies* bestehen kaum Verwechslungsmöglichkeiten, weil immer irgendwelches Beiwerk im Satz zeigt, was Sache ist. *J'y suis allé plusieurs fois. J'ai mangé plusieurs foies de volaille.* Und was soll *la ville de Foix* anderes sein als die südfranzösische Stadt Foix? Geben wir also Entwarnung!

Aber wie können vier verschiedene Ausdrücke zu ein und derselben Aussprache kommen? Ganz einfach: Auch der Mahlstrom der französischen Sprachgeschichte hat seine Regeln, wie wir gleich sehen werden.

Etymologie – nur für Neugierige

Foi (Glaube) kommt vom lateinischen *fide(m)* (Treue, Glauben). Auf dem Weg zum Französischen hat jeder Buchstabe außer dem *«f»* seine eigene Geschichte.

- Das ursprünglich kurze *«i»* wird zu geschlossenem *«e»* und gedehnt, weil es in offener Silbe steht.
- Das Ergebnis wird dann diphthongiert, erst zu *«ei»*, dann zu *«oi»*.

- Das *«d»* zwischen Vokalen wird immer mehr abgeschwächt, bis es verschwindet.
- Das *«m»* ist schon im Latein schwach und verschwindet.
- Die zunächst verbleibende Endung *«-e»* verschwindet ebenfalls. Sie wäre nur dann erhalten geblieben, wenn vor ihr zwei oder mehr Konsonanten gestanden wären. Aber das war nicht der Fall.

Foie (Leber) kommt vom lateinischen *ficatu(m)*, was aber nicht einfach die Leber, sondern eine mit Feigen gemästete Leber, also eine ganz spezielle Stopfleber bedeutete (*un foie gras spécial* würden die Franzosen heute sagen). Und dann geschah Folgendes:

- Die ursprünglich auf der vorletzten Silbe[101] liegende Betonung rutscht schon früh eine Silbe nach hinten, auf die vorvorletzte Silbe[102]. Aus fic**a**tu(m) wird also f**i**catu(m). Das weiß man, weil erstens das italienische *fegato* ebenso wie das spanische *hígado*[103] heute noch auf der vorvorletzten Silbe betont werden und zweitens nur so die weitere Entwicklung des französischen Wortes zu erklären ist.
- Das *«m»* der Endung ist schon im Latein schwach und verschwindet.
- Das lange *«i»* wird zu einem geschlossenen *«e»*. Siehe italienisch *fegato.*
- Da die vorvorletzte Silbe betont ist, schwindet der Vokal der vorletzten Silbe, was zu der Konsonantenkombination *«ct»* (oder schon abgeschwächt *«gd»*) führt. Nach dieser Konsonantenhäufung bleibt von der Endung *«-u»* nur noch

---

101 Pänultima.

102 Antepänultima.

103 Ein früh ererbtes Anfangs-*f* wird im Spanischen regelmäßig zu einem (nicht ausgesprochenen) *«h»*. Denken Sie an *hablar* (sprechen, von lateinisch *fabulare*) oder *hijo* (Sohn, von lateinisch *filiu[m]*).

ein *«-e»* übrig, aber immerhin! Ohne die Konsonantenhäufung wäre die Endung nämlich ganz verschwunden.

- Dann wird jedoch das *«c»* vor *«t»* (oder *«g»* vor *«d»*) zum Vokal *«i»*, so dass der Diphthong *«ei»* entsteht.
- Schließlich schwächelt auch das *«t»* (oder *«d»*) und verschwindet.
- Der Diphthong *«ei»* wird letztendlich zu *«oi»*.

Das war's. Interessanterweise bleibt das Endungs-*e* stehen, obwohl es nach dem Wegfall der Konsonantenhäufung seine Stützfunktion verloren hat.

Fois (Mal) kommt aus einer ganz anderen Ecke. Da es bereits im 11. Jahrhundert als altfranzösisches *feiz* (bei Chrétien de Troyes[104] bereits *foiz*) belegt ist und im Altprovenzalischen ebenso wie im Spanischen als *vez* auftritt, sind sich die Gelehrten einig, dass es vom lateinischen Pluralwort *vices* kommen muss, das eine ähnliche Bedeutung hatte. Über die Herkunft des *«f»* schweigt ROBERT diskret, während DAUZAT trocken sagt: *«le f s'explique mal»*.

Für schelmische Querdenker: Nein, das Elsass war zur damaligen Zeit noch nicht französisch! Seine dialektbedingt harte Aussprache kann also keinen Einfluss auf unser Wort gehabt haben. Warum überhaupt so ein Gedanke aufkommen kann, können Sie im nicht ganz ernsten Kapitel «Elsässer Abkürzungen» nachlesen.

Foix liegt an der Einmündung des Arget in den Ariège. Dies erklärt den Ursprung des Städtenamens, der von okzitanisch *foueich* kommt, was französischem *fourche* (Gabel, Gabelung) entspricht. Im Okzitanischen heißt die Stadt heute *Fois*, und

104 1135–1183.

ihre Einwohner nennen sich auf Französisch *Fuxéens / Fuxéennes*.[105]

Der Ursprung des Städtenamens ist das lateinische *furca* (zweizackige Gabel), das im Französischen zu *fourche* (Mistgabel) und *fourchette* (Gabel) wurde. Das *«r»* dieses Wortes blieb im Provenzalischen und im Französischen erhalten. Aber der Name *Foix* stammt aus einer Gegend, in deren okzitanischem Dialekt das *«r»* verschwinden konnte, und er wurde in dieser Form ins Französische übernommen.

Neunfache Homophonie – wer bietet mehr?

Das Thema «Homophonie» könnten wir nun endlos vertiefen, aber werfen wir hier nur einmal einen kurzen Blick auf bestehende Möglichkeiten.

Was bieten zum Beispiel allein die Wörter, die nur aus dem Laut /*o*/ bestehen? Da wären *au / aux* (männlicher Artikel), *aulx* (Plural von *ail*), *eau / eaux* (Wasser), *haut / hauts* (hoch), *ô* (Ausruf), *os* (Plural von *os*). Das sind sechs Wörter beziehungsweise neun Wortformen, die in der Aussprache nicht zu unterscheiden, also leicht zu verwechseln sind!

Wenn Sie sich jetzt schon fragen, wie da noch eine verständliche Kommunikation möglich ist, muss ich Sie enttäuschen, denn es kommt noch schlimmer. Das Französische wird ja heutzutage «paketweise» ausgesprochen und betont. Das hat zur Folge, dass die Grenzen zwischen den Wörtern im mündlichen Verkehr verschwimmen. Man ist also beim Laut /*o*/ nicht nur ständig gezwungen, ihn nach verschiedenen Schreibweisen zu interpretieren, sondern man steht auch immer in der Gefahr, den Laut für ein eigenes Wort zu nehmen, auch wenn er zu einem längeren Wort oder einem aus mehreren Wörtern bestehenden

105 Nach http://www.histariege.com/foix.htm.

Ausdruck gehört. Denken Sie nur an *autel* (Altar) / *hôtel* (Beherbergungsunternehmen) oder *chauffe-eau* (Boiler) / *chameau* (Kamel) / *échafaud* (Schafott) / *cachot* (Kerker) / *e dans l'o* (Ligatur o + e) oder *auparavant* (vorher, zuvor) / *au paravent* (am / an den Wandschirm) oder *château d'eau* (Wasserturm) / *éclats d'os* (Knochensplitter), wobei letztere zu weiteren Homophonien führen, nämlich mit *dos* (Rücken) und *do* (Do der Musik), aus denen wieder andere Homophonien entstehen können. Nicht nur über den Wolken kann die Freiheit grenzenlos sein.[106] Lassen Sie sich zu guter Letzt folgenden Satz auf der Zunge zergehen: *L'autour lui vole autour quand il travaille au tour ou au haut-fourneau* (Der Habicht fliegt um ihn herum, wenn er an der Drehbank oder am Hochofen arbeitet). Wie klappt da die Kommunikation?

Ganz einfach: Der Kontext und die Situation sortieren automatisch nicht passende Möglichkeiten aus. Nicht umsonst wirkt die obige Habicht-Geschichte so gekünstelt. Wer am Hochofen arbeitet, ist kein Dreher und hat meistens keinen Habicht als Haustier. Nehmen wir eine andere Situation: Wer in der Küche *Tu peux me passer les os?* sagt, will in der Regel die Knochen für die Suppe haben, sonst hätte er *Tu peux me passer l'eau?* gesagt, denn *les eaux* kommt im Haushalt eigentlich nur in Form von *les eaux usées* (Abwasser) vor. Auch den Knoblauch verwendet man – rein sprachlich – normalerweise im Singular. Nur wenige Leute würden da von *les aulx* reden, meist nur in Südfrankreich. Sonst sagt man lieber *la tête d'ail* oder *quelques gousses d'ail*. *Ô*, wo ist unser Problem geblieben? – Und wenn eine Situation wirklich mal nicht klar ist, fragt man eben zurück und bekommt (hoffentlich) eine klarere Antwort!

106 Danke, Reinhard Mey! Merci Frédéric Mey!

Spiel ohne Grenzen

Wie schon gesehen, bringt das Verblassen der Wortgrenzen im gesprochenen Französisch für den Sprachlernenden jede Menge Schwierigkeiten mit sich, denn dadurch entstehen oft sinnverschleiernde Homophonien über die Wortgrenzen hinaus. Die Franzosen selbst haben damit meist kein Problem, sondern freuen sich über das erweiterte Feld für Sprachspielereien und Witze. Vertiefen und erweitern wir also etwas die bei den /*o*/-Homophonien des vorigen Kapitels angerissene Thematik.

Im normalen Redefluss ist *c'est un des avantages* (das ist einer der Vorteile) von *c'est un désavantage* (das ist ein Nachteil) nicht zu unterscheiden.[107] Das eine drückt aber das Gegenteil des anderen aus! Das ist vermutlich der Grund, weshalb die Franzosen das Wort *désavantage* gern durch das gleichbedeutende *inconvénient* ersetzen, um Missverständnissen vorzubeugen.

Ähnlich steht es mit *la pesanteur* (die Schwerkraft) und *l'apesanteur* (die Schwerelosigkeit) sowie mit *la symétrie* (die Symmetrie) und *l'asymétrie* (die Asymmetrie). Ja was denn nun? Hier kann man Missverständnisse am besten durch Umschreibungen wie *l'absence de pesanteur* beziehungsweise *le manque de symétrie* vermeiden.

Etwas geringer ist die Verwechslungsgefahr zwischen *ils s'aiment* (sie lieben sich) und *ils sèment* (sie säen / verlieren / lassen fallen / verstreuen). Aber für einen anzüglichen Witz ist das immer gut!

Die Möglichkeiten sind uferlos. Da stehen sich zum Beispiel gegenüber: *il s'est acheté un livre* (er hat sich ein Buch gekauft), *c'est acheté* (es ist gekauft, also nicht selbstgemacht), *c'est à jeter*[108] (es ist wegzuwerfen) und *c'est tacheté* (es ist gefleckt).

107 Mag sein, dass Satzrhythmus und -melodie sich bei problembewussten Sprechern unmerklich verändern, aber darauf ist kein Verlass.

108 Beim schnellen Sprechen wird wegen der im Französischen üblichen progressiven Assimilation (Angleichung eines Konsonanten an den unmittelbar darauf folgenden) *à jeter* wie *acheter* ausgesprochen.

Lassen wir's genug sein! Nur noch ein Beispiel aus der Praxis: Eines Tages wollte ich, dass mir meine Frau in der Küche etwas Wasser aus einem bestimmten Topf reicht (ja, sie kann mir das Wasser reichen). Ich sagte daher etwas flapsig: *Tu me donnes de l'eau de là?* Postwendend kam als Antwort die Gegenfrage: *Depuis quand tu y crois, à l'au-delà?*

Eine Homophonie-Geschichte: Le coût des coups

Quelle chose étrange que les coups! D'abord, il y a coup et coût... Des coups qui coûtent cher, et d'autres qui sont gratuits ...

A priori et malgré leur nom, les coups ne coupent pas et parfois on n'y coupe pas. Au lieu de couper ils frappent. C'est frappant quand même!

Et alors, il y a les petits coups et les grands. Les petits coups sont réputés pour être agréables – du moins au singulier, parce que plusieurs petits coups en valent un grand. Et ce serait le coup de barre! Ou le coup de pompe! Sans parler du mauvais coup d'œil de la femme au foyer... ou du coup de sifflet du flic, sec comme un coup de trique, qui vous arrête à coup sûr au volant... Conduire en état d'ivresse ne vaut vraiment pas le coup d'essai, même si le vin est votre coup de cœur, parce que l'amende appropriée vous donnerait un coup au cœur!

Donner des coups peut également être agréable. Cela enivre sans rendre soûl. Mais on y perd autant que le soûl qui perd ses sous en buvant beaucoup de petits coups.

Le coucou, lui, a le coup: il pond ses œufs chez les voisins. Du coup ceux-ci, sans être dans le coup, élèvent les petits coucous. Et petit à petit, par à-coups et coup sur coup, le jeune coucou fiche tous ses faux frères et sœurs hors du nid. En voilà un sale coup! Un coup de coucou, quoi ...

Mais revenons aux humains qui sont parfois inhumains quand ils sont dans la m...isère jusqu'au cou!

C'est qu'un homme peut asséner un coup et ce généralement, sur la table. Cela s'appelle alors donner un grand coup, lequel est généralement accompagné d'un grand coup de gueule. Mais la coutume se perd. La situation type du grand coup donné sur la table était celle d'un chef de famille qui... Quoi, vous ne savez pas ce que c'est, un chef de famille? C'est vrai que l'institution se perd, elle s'est même perdue dans les brumes des temps jadis...

Je vous l'explique, à vous autres jeunots: un chef de famille, dans le temps, avait le droit et le devoir de prendre en charge les affaires importantes de la famille. C'est lui qui décidait par exemple que la Chine devait être admise au Conseil de Sécurité de l'ONU ou que les taxes sur le tabac et l'alcool devait être supprimées et c'était lui qui signait seul la déclaration d'impôts de la famille même si sa femme était la seule à avoir un revenu. En plus, il croyait avoir le droit de rouer de coups au moins ses enfants, sinon sa femme. Souvent sur un coup de tête et sans coup de semonce. C'est frappant qu'à l'époque, ces coups ne lui coûtaient pas beaucoup. Et non seulement les coups de gueule, mais aussi les coups sur la figure ou ailleurs et les coups de pied au derrière ou ailleurs, puisque la justice était dans le coup.

Ce n'ést pas tout d'un coup et c'est sans coup d'Etat des femmes que le coût des coups a fini par augmenter. D'abord celles qui encaissaient les coups se sont mises à reculer devant les roucoulements de ceux qui étaient coupables de coups et blessures. Même si ces dames n'ont coupé court qu'au sens imagé, ces messieurs ont finalement accusé le coup. Cela leur a donné un vrai coup de vieux. Sauf aux couturiers peut-être...

Du coup, il est devenu chic de ne pas porter de coups en famille. Evidemment il y en aura toujours qui ne sont pas dans le coup...

N'oublions pas qu'il y a des coups que même les hommes d'aujourdhui reconnaissent être utiles, par exemple aller acheter des cigarettes d'un coup de voiture, de moto, de vélo, de ... ah non, les coups de pied n'ont rien à voir ici! Assez curieusement tous ces coups d'accélérateur et ces coups de frein nécessaires à la démarche ne semblent pas être ressentis comme fatiguants. C'est peut-être normal pour quelqu'un qui aime les coups de perceuse, de marteau et d'autres outils lourds.

Mais les femmes, ces chères êtres capables de provoquer le coup de foudre à tout moment? Ne donnent-elles pas de coups? Mais si! Elles donnent un coup de balai à la cuisine, un coup de chiffon à la salle de bains, un coup d'aspirateur à la chambre, etc. etc. – et le soir elles se sentent comme rouées de coups... Les vrais coups leur manqueraient-ils?! Quel coup de vache (ou de macho) que de poser une question de ce genre!

Mais les coups féminins les plus redoutables, en dehors des coups de tête, sont ceux qu'elles donnent à donner:

«Chéri, tu pourrais juste donner un petit coup au salon?

Lui, sous le coup d'un autre coup de foudre:

– Mais oui, ma chérie, bien sûr.»

Le pauvre homme, il ne sait pas à quoi il s'engage et sa perdition est désormais certaine!

Quel coup lui a-t-il été demandé de donner? Un coup de chiffon à poussière, d'aspirateur, de lavette, d'océdar ou d'éponge?

Inutile de se poser trop de questions: l'homme manquera infailliblement à un de ses devoirs. Ou il se trompera d'outil et de champ d'action ou il surinterprétera l'expression employée par sa femme.

«Mais tu n'as pas vu toute cette poussière?»

Aïe, aïe, aïe, ce coup d'œil bien féminin! Cela vous donnerait le coup de grâce!

Normalement le contraire de *donner un petit coup* est *nettoyer à fond.* Mais ce qui est clair linguistiquement ne l'est pas dans les faits. Parce que si le nettoyage à fond exige d'enlever toute saleté même invisible et à des endroits inaccessibles, le petit coup à donner veut dire qu'on doit faire la même chose au moins pour tout ce qui est visible et accessible. J'insiste sur *au moins* ...

Maint homme ne l'a compris qu'après coup et ç'a été pour lui un rude coup, sinon un coup dur ou même un coup bas.

Et la femme, victorieuse sans coup férir, est abattue par l'incompréhension de son homme.

Chaque coup a son coût...

Intermezzo: Anatomische Wunder und Grausamkeiten

Gängige Redewendungen halten sich nicht unbedingt an die Gesetze der Anatomie, denn jede Sprache schafft immer eine ihr eigene Welt. Aber jeder Muttersprachler versteht, was gemeint ist. Meist merkt er noch nicht einmal, was er da an anatomischen Wundern oder Gemeinheiten hört oder ausspricht. Wenn Sie die folgenden Beispiele mal wörtlich ins Deutsche übersetzen und sich das Ganze dann bildlich vorstellen, werden Sie verstehen, was ich meine.

- *prendre ses jambes à son cou* (schnell wegrennen)
- *jeter un œil sur quelqu'un / quelque chose* (einen Blick auf jemanden / etwas werfen[109])

109 Man kann sich auch banaler ausdrücken: *jeter un regard sur quelqu'un / quelque chose.*

- *avoir la tête qui tourne* (schwindlig sein / werden)
- *se casser la tête* (heftig nachdenken)
- *se creuser les méninges* (heftig nachdenken, sich den Kopf zerbrechen)
- *casser les pieds à quelqu'un* (jemanden nerven)
- *se casser* (verduften, die Fliege machen)
- *s'en arracher les cheveux* (es zum Mäusemelken finden)
- *couper les jambes à quelqu'un* (jemandem weiche Beine machen[110])
- *s'en lécher les cinq doigts et le pouce* (von einer Speise nicht genug bekommen können, weil sie so waaaahnsinnig gut schmeckt)

110 Gerne gebraucht nach Alkoholgenuss: *La bière m'a coupé les jambes!*

Falsche Freunde

Falsche Freunde gibt es massenweise, sowohl im wirklichen Leben als auch auf dem Gebiet der Sprachen. Und sie sind auf beiden Gebieten lästig, wenn nicht gefährlich. Erst wiegen sie einen in Sicherheit, und dann geht's von hinten auf den Kopf!

Bei den Sprachen versteht man unter diesem Begriff zwei Wörter, die sich in zwei Sprachen dermaßen ähneln, dass man möglicher- und fälschlicherweise zu der Meinung kommt, man könne das eine mit dem anderen übersetzen.

Dieses Phänomen gibt es bei sehr vielen Sprachkombinationen. Schauen wir uns hier Beispiele davon an.

Pommes & Co.

Verlangen Sie in französischsprachigem Umfeld nie Pommes *(des pommes)* zum Essen! Nicht, dass es die dort nicht gibt, aber das Wort, obwohl französischen Ursprungs, wird dort nicht verstanden. Warum? Das Wort *pomme* bezeichnet einen Apfel. Erst wenn man *pomme de terre* (unser «Erdapfel») sagt, wird ein Schuh bzw. eine Kartoffel draus. In unserem Fall sprechen wir also von *pommes de terre frites* – von (Vorsicht, deutsch!) Pommes eben. Wenn Sie mir jetzt nicht abnehmen wollen, dass die abkürzungswütigen Franzosen so einen langen Begriff im Alltag verwenden, haben Sie völlig Recht. Sie kürzen ihn ab – aber zu *frites*! Da steht eine deutsche Abkürzung gegen eine französische, mit der breitesten Stelle des Rheins dazwischen. So geht Völkerverständigung nicht!

Übrigens: Wenn Ihnen das umgangssprachlich französische *patates* für die Kartoffeln spanisch vorkommt, liegen Sie genau richtig! Die Spanier haben nicht nur die Kartoffel aus der Neuen Welt nach Europa gebracht[111], sondern auch die Bezeichnung, die sie bei den Andenvölkern hatte. Allerdings haben die Franzosen das gleiche Wort kurz darauf auch auf Haiti vorgefunden – und mitgenommen.

Vor der Ampel

In einer zweisprachigen deutsch-französischen Beziehung kann man sich dreimal so viel zanken wie in einer einsprachigen: erstens über Deutsches, zweitens über Französisches und drittens über alles, was dazwischen liegt. Wo ja bekanntlich sowieso nichts unwichtig genug ist, damit eine Frau nicht eine Szene daraus machen könnte, wie eingefleischte Machos behaupten. Aber kommen wir zur Sache! Hier ein Tipp aus meiner persönlichen Erfahrung: Sagen Sie als Deutscher Ihrer französischen Freundin oder Ehefrau bei einem Spaziergang in einer deutschen Stadt niemals *Attends, le feu est passé au jaune!* Da würden Sie einem falschen Freund auf den Leim gehen. Einem von der fiesen Art, der eigentlich eine richtige Übersetzung hergibt, aber an den Gegebenheiten des anderen Landes vorbeigeht. Besser wäre schon *Attends, le feu est passé à l'orange!* denn in Frankreich ist die bei uns gelbe Ampel nun mal orange. Und eine Französin sieht auch bei einer deutschen Ampel das französische Orange durchschimmern. Mental zumindest. Das Beste wäre aber wortloses Weitergehen. Franzosen haben schon Schwierigkeiten, bei Rot *(quand le feu est rouge)* stehen zu bleiben. Und dann erst bei Gelb/Orange!

111 1534, nach der französischen Wikipedia.

Springt die Ampel aber auf Grün, ist der Franzose schon auf der anderen Seite[112].

Daraus ergibt sich, dass das eigentliche Problem für den Franzosen die Grün-Phase ist. Damit kann er nichts anfangen. Und wir können ihn damit aufziehen.

Einmal waren wir mit einer deutsch-französisch gemischten Gruppe zu Fuß in München unterwegs. Als wir über die Straße wollten, sprang die Fußgängerampel sofort auf Grün, doch die Gruppe war so ins Gespräch vertieft, dass das keiner mitbekam. Bis einer – ein Deutscher natürlich – fragte: *Je sais que le feu est passé au vert mais on y va quand même?* Kurzes Stutzen der Franzosen, dann Gelächter und Abmarsch.

Zwischen Butter, Eseln und Arabern

Sie wissen ja nun schon, was ein «falscher Freund» ist. Aber jetzt werden Sie einen besonders gemeinen kennenlernen, der ganz scheinheilig um die Ecke kommt.

Nehmen wir an, Sie müssen einen Brief auf Spanisch schreiben, was Ihnen nicht schwerfällt, denn Sie können einigermaßen Spanisch. Aber wie es oft geschieht, fällt Ihnen ausgerechnet ein Alltagswort (das sind die schlimmsten!) nicht ein, nämlich das spanische Äquivalent zu «Butter». Aber zum Glück haben Sie auch ganz passable Italienischkenntnisse, und so finden Sie, locker vom Hocker[113], das italienische Wort für Butter, nämlich *burro*. Und da fällt es Ihnen wie Schuppen von den Augen: Im Spanischen gibt es dieses Wort ja auch. Gefunden, geschrieben, frankiert und weggeschickt.

---

112 Als Deutsche das bitte nicht nachmachen. Uns fehlt da die lebensrettende Intuition der Franzosen!

113 Danke, Walter Giller!

Zwei Wochen später bekommen Sie einen erstaunten Telefonanruf von Ihrem Brieffreund oder Geschäftspartner, der fragt, was Sie denn mit dem Esel gemeint haben. Peinliches Schweigen, dann zum Wörterbuch! Und da steht unübersehbar, dass im Spanischen der Esel *burro*, die Butter aber *mantequilla* (in Europa) bzw. *manteca* (in Lateinamerika) heißt. Da kann ein französischer Esel *(âne)* nur staunen.

Jetzt wissen Sie, was ein wirklich falscher Freund ist.

Aber auch innerhalb des Französischen ist Vorsicht angesagt! Wenn Sie sich wundern, dass einer Ihrer Gesprächspartner einen anderen Menschen als eine Butter bezeichnet, dann haben Sie zwar richtig gehört, aber sich die falsche Rechtschreibung für diese spezielle Butter vorgestellt, die keine ist. Es handelte sich da nämlich um *un beur*, und das ist ein Ausdruck für einen Franzosen arabischer (genauer: maghrebinischer) Abstammung. Dazu gibt es das Femininum *beurette*. Nach COLIN hatten die beiden Wörter zu Anfang keine rassistische Bedeutung. Aber da macht natürlich der Ton die Musik. Für mich gehören diese Wörter zu denen, die man als Nicht-Franzose zwar verstehen, aber nicht selbst verwenden sollte.

Etymologie – nur für Neugierige

Âne (Esel) kommt vom lateinischen *asinu(m)* mit gleicher Bedeutung und ist ein wunderbares Beispiel für einen *accent circonflexe*, der von einem ausgefallenen *«s»* herrührt. Im Altfranzösischen hieß der Esel nämlich *asne*. Die Betonung von *asinu(m)* auf der vorvorletzten Silbe[114], dem *«a»*, hatte das unbetonte *«i»* der vorletzten Silbe verschwinden lassen, und die daraus folgende, vorübergehende Konsonantenhäufung *«sn»* hatte dafür gesorgt, dass das von der Endsilbe verbliebene «stumme

114 Linguisten nennen das Antepänultima-Betonung.

-*e*» als Aussprachehilfe stehengelassen wurde – auch nachdem kein Grund mehr dafür bestand.

Beur (junger Araber aus einer immigrierten Familie) verdanken wir dem *Verlan*. Diese unter jungen Leuten verbreitete Sprechweise, deren Name das Umgekehrte *(l'envers > verlan)* des Französischen bedeutet, verdreht nicht nur Begriffe und ganze Redewendungen, sondern bastelt am Ergebnis auch noch so lange herum, bis das Ganze mundgerecht klingt. Nach der «Logik» des Verlan ergibt das Wort *arabe* – hokus pokus simsalabim – *beur*.

Beurre und seine deutsche Entsprechung *Butter* stammen von demselben lateinischen Wort *butyru(m)* ab, das die Römer von den Griechen übernommen hatten. Dieses Wort wurde auf der vorvorletzten Silbe betont, was auf dem Weg zum Altfranzösischen den Wegfall des *«i»* der unbetonten vorletzten Silbe, dadurch das Nebeneinander von *«t»* und *«r»* und schließlich die Assimilation des ersteren an das letztere nach sich zog. Dieser Doppelkonsonant *«rr»* stabilisierte aber die Endsilbe, die daher zwar zu *«e»* abgeschwächt, aber in dieser Form bis heute erhalten blieb. Der Stammvokal *«eu»* – statt dem zu erwartenden *«ou»* kam vielleicht durch dialektale Einflüsse zustande, die unter den Sprachwissenschaftlern noch umstritten sind.[115] Das alles klingt kompliziert, ist aber bereits eine vereinfachte Darstellung der wissenschaftlichen Diskussion.

115 Im Mittelalter gab es noch ausgeprägte französische Dialekte, die aber später weitgehend dem Pariser Zentralismus zum Opfer fielen.

Intermezzo: Die Sch'tis, ihre Wahrheit und unsere Dichtung

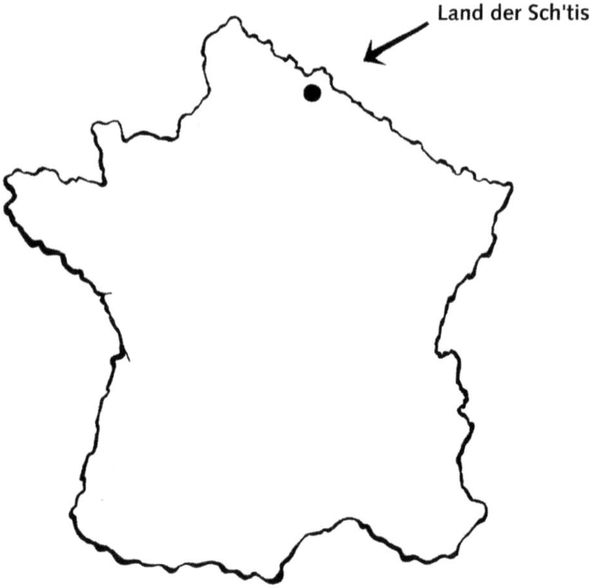

Mangels eines einheimischen Goscinny und Uderzo hat erst der überwältigende Erfolg von Dany Boons Film *Bienvenue chez les Ch'tis* (Willkommen bei den Sch'tis) im Jahre 2008 eine breitere Öffentlichkeit mit der Existenz des tapferen kleinen Völkchens der Sch'tis am äußersten Nordrand des heutigen französischen Staatsgebiets überhaupt bekannt gemacht.[116] Doch kann man nun mit einer raschen Folge wissenschaftlicher, pseudo-wissen-

116 Wenn Sie ein ernsthafter Mensch sind, überblättern Sie einfach den Rest dieser Geschichte, denn ab hier erliegt der Autor halluzinatorischen Gemütswallungen, die durch den Film hervorgerufen wurden. Die Latinisten unter Ihnen wird's freuen.

schaftlicher, populärwissenschaftlicher und überhaupt Veröffentlichungen zu diesem den französischen Zentralismus vor eine harte Probe stellenden Thema rechnen. Ein neuer, hochinteressanter Literatur- und Wissenschaftszweig ist im Entstehen, der den Namen Stitologie durchaus verdient hätte.

Unsere folgenden Ausführungen können sich daher auch schon auf die demnächst unter dem Titel *Einmal Sch'ti, immer Sch'ti* im Buchhandel erscheinende Abhandlung des Historikers und Romanisten Prof. Dr. Grottfried-Heinrich Mayer-Sülzenhofer[117] stützen. Mit freundlicher Genehmigung des Verlags legen wir hier bereits einige wichtige Thesen seines Buches dem geneigten Publikum zur Diskussion vor.

Prof. Dr. Grottfried-Heinrich Mayer-Sülzenhofers Forschungen haben ergeben, dass das Volk der Sch'tis bereits dem berühmten römischen Feldherrn C. Iulius Caesar bekannt war. In einem bis 2008 als verschollen geltenden Kapitel seines mehr Selbstlob als Spannung verbreitenden, aber dennoch zur Weltliteratur avancierten Buches *De bello Gallico* (Der gallische Krieg) berichtet Cäsar von den militärisch äußerst schwierigen Erkundungen und Kampfhandlungen seiner Truppen im Land der Volksgruppe, die wir und die sich heute Sch'tis nennen.

Der heutige Name der Sch'tis kommt nach Mayer-Sülzenhofer vom lateinischen *superstites* (Überlebende). Mit diesem Begriff drückten die Römer wohl einerseits ihr Staunen darüber aus, dass in diesem unwirtlichen Land («in hac regione impossibile victu») überhaupt jemand überleben konnte, und andererseits ihre schmerzlichen Erfahrungen im Kampf mit einem in Dunkelheit, Regen und Nebel fast unsichtbaren Feind («copiae Romanae hostes impossibiles visu difficillime vicerunt»). Bereits in einigen kirchenlateinischen Quellen erscheint der ethnische Name dann in seiner volkstümlichen Verkürzung *Stites* und wird folgendermaßen dekliniert: Nominativ: *Stites* (die Sch'tis),

117 Danke, Loriot!

Genitiv: *Stitum* (der Sch'tis), Dativ: *Stitibus* (den Sch'tis), Akkusativ: *Stites* (die Sch'tis), Ablativ: *a Stitibus* (von den Sch'tis).

Den Vokativ *o Stites!* (oh Sch'tis!) kann man erahnen, doch ist er aus verständlichen Gründen in keiner Quelle belegt. Die Ode an die Sch'tis wurde erst mit Dany Boons Film geschrieben.

Nebenbei gesagt soll das frustrierte Herumstochern der Römer in den Nebelschwaden des Nordens nach einigen Quellen den Ausgangspunkt für eine ganze Reihe französischer Redensarten abgegeben haben, wie *chercher une aiguille dans une botte de foin*, *chercher midi à quatorze heures*, *chercher la petite bête (qui monte...)* und – wie könnte es anders auch sein – *cherchez la femme*.

Der lateinische Ursprung *superstites* (Überlebende) wird am Ausgang des Mittelalters allerdings von mehreren Autoren in kontroverser Weise diskutiert. Die einen meinen, dass es sich um einen Namen handle, den der römische Feldherr nach einer Niederlage der Sch'tis in beleidigender Absicht persönlich vergeben habe. Regen und Nebel versperrten ihm nämlich derart die Sicht («aqua non solum in fluviis sed etiam in aere erat»), dass er nur noch mit wenigen Überlebenden rechnete («superstitum paucissimi esse videbantur»). So kann man sich täuschen! Andere, kirchlichen Kreisen nahestehende Gelehrte kommen fälschlicherweise, wohl unter dem Einfluss von lateinisch *superstitio* (abergläubische Scheu, Wahnglaube), für *superstites* zu einer historisch nicht haltbaren Nebenbedeutung «Abergläubische», anders gesagt: «Heiden». Natürlich waren die Sch'tis damals Heiden, wie wir alle eben. Noch in Cäsars Todesjahr (44 v. Chr.) konnte man nur mit viel prophetischer Vorahnung Christ sein! Bleibt die dritte Gelehrsamkeitsschule: Diese behauptet, dass der Name der Sch'tis vom griechisch-lateinischen *Styx* (Unterwelt), genauer: von dem davon abgeleiteten Adjektiv *Stygius* (zur Unterwelt gehörend), kommt. Den römischen Truppen soll das Land der Sch'tis wie eine Art Vorhölle vorgekommen sein, weswegen sie dessen Bewohner *Stygii* (Unterweltbewohner) nannten. Diese These ist natürlich hinfällig, seit das oben erwähnte Kapitel *De Superstitibus* (Die Überlebenden) aus dem *Gallischen Krieg* wieder aufgetaucht ist.

Unter dem Eindruck, dass da eine Gesellschaft existierte, in der die Frauen für sich allein das Leben an der (seltenen) Sonne in Anspruch nahmen und ihre Männer zum Malochen in die Unterwelt schickten, verstiegen sich einige Autoren des 19. Jahrhunderts gar zu der These, dass es kulturhistorische Zusammenhänge zwischen den Frauen der Sch'tis und den antiken Amazonen gäbe, während im 20. Jahrhundert vor allem in Frankreich versucht wurde, die Sch'tis als kollektive Vorläufer der MLF *(Mouvement pour la libération de la femme)* zu instrumentalisieren. Zum Glück sind diese Hirngespinste inzwischen jedoch im Schtyx, pardon: Orkus, der Geschichte verschwunden.

Vor allem unter Südfranzosen kursieren aber heute noch üble Gerüchte über die Sch'tis. Eines davon soll ein Beamter aus Marseille 1978 in die Welt gesetzt haben, als er einen Sch'ti fragte, was er an Weihnachten mache, und die Antwort *«A Noël chacun reste avec les siens»* gründlich missverstand, denn der Sch'ti hatte natürlich dialektbedingt gesagt: *«A Noël chacun rechte avec les chiens»*. Danach redete praktisch bis zum Ende des 20. Jahrhunderts ganz Marseille genüsslich von einem angeblichen weihnachtlichen Hundekult im Land der Sch'tis.

Auch die deutsche Gruselromantik hatte sich natürlich mit Vergnügen auf das Thema Sch'tis gestürzt, wenn auch in höchst verfremdeter Form. Da kamen dann Geschichten auf wie die eines Gelehrten, wohl eines Bergbauingenieurs aus der Gegend von Lille, der einen Pakt mit dem Teufel schloss, um wer weiß was zu erreichen, und dann nicht wirklich glücklich endete, trotz «wer stetig sich bemüht, den können wir erlösen». Wie jeder anständige Sch'ti verbrachte er übrigens die beste Zeit seines Lebens unter Tage, angeblich in irgendeinem Keller bei Auerbach (das muss eine Ortschaft mit einem Namen flämischer Herkunft sein). Und seine Frau oder Geliebte oder so muss eine ganz wilde Sch'ti gewesen sein. Ihre wichtigste Aussage zum Unglück ihres, wie gesagt, Mannes oder Geliebten oder so war angeblich: «Mir graut vor dir!» Damit hat sie aber eigentlich gar nichts ausgesagt, denn im Land der Sch'tis sind – wie jeder Nicht-Sch'ti weiß – nicht nur alle Katzen grau. Und nicht nur nachts. Schauen Sie sich den Film an: Da ist doch ein Tag wie der andere! So ein Elend aber auch!

Zum Film: *Bienvenue chez les Ch'tis* zeigt humoristisch, aber konsequent und drastisch, was in den Köpfen der «Normalfranzosen» (je südlicher, desto normaler?) heute noch über die Sch'tis herumspukt. Er bestätigt und zerstört liebevoll alle existierenden Vorurteile. Zum Nachdenken beim Totlachen.

Ein wichtiger Tipp: Wer genug Französisch kann, sollte sich den Film unbedingt auf Französisch (evtl. mit deutschem Untertitel) reinziehen, denn der Witz der Geschichte liegt hauptsächlich in der Sprache («oder was die Sch'tis so nennen», würde ein «normaler» Franzose sagen). Die deutsche Version tut zwar, was sie kann, um den französischen Sprachwitz rüberzubringen. Aber mit Schwund ist zu rechnen.

Eigennamen

Ein Eigenname kann im Französischen nicht nur eine Person benennen, sondern er kann auch lautspielerisch oder in übertragenem Sinn verwendet werden. Es gibt daher viele französische Ausdrücke und Redewendungen, die einen Eigennamen enthalten oder nur aus diesem bestehen.

Scherzreime mit Eigennamen

Franzosen spielen gern mit ihrer Sprache. Es gibt daher eine Reihe von Ausdrücken, die scherzhaft oder zur besonderen Betonung, aber ohne Sinnveränderung, durch einen auf das letzte Wort reimenden Eigennamen erweitert werden können.

Vorsicht: Es kann nicht jeder beliebige reimende Name genommen werden, sondern es ist beim selben Spruch in der Regel immer derselbe! Die folgenden Beispiele können Sie im familiären oder freundschaftlichen Gespräch immer wieder mal hören.

Machen Sie am besten dieses Spiel nur mit, wenn Sie den betreffenden Spruch schon einmal aus dem Mund eines Franzosen gehört haben.

Im Deutschen gibt es Ähnliches, zum Beispiel «Adelheid, jetzt ist's so weit» oder «Ende, Gelände».

A l'aise, Blaise!
Dieser Ausspruch endet nicht immer mit einem Ausrufezeichen. Er kann als bewundernde Feststellung (Toll, wie lässig du das geschafft hast!) oder als Aufforderung (Immer mit der Ruhe, nur keine Hektik!) gebraucht werden.

A la tienne, Etienne!

So kann man sich unter französischen Freunden zuprosten. Man meint damit: «Prost! Zum Wohl! Auf dein Wohl! Auf deine Gesundheit!» Mit *la tienne* ist natürlich *ta santé* gemeint.

A poil (Téfal)!

Natürlich gibt es im Französischen ein vom lateinischen *nudu(m)* kommendes Adjektiv *nu*, um eine umfassende körperliche Blöße auszudrücken. Aber im familiären Bereich oder unter Freunden hört man häufig das saloppe *à poil* (wörtlich: «so wenig bekleidet, dass man freie Sicht auf die Körperhaare hat»). Und dann ist fast immer einer da, der grinsend den Zusatz *Téfal* anhängt oder gleich *à poil Téfal* sagt.

Der Gesamtausdruck *à poil Téfal* ist ebenso sinnlos wie häufig gebraucht. Auslöser sind die in jedem französischen Haushalt vorhandene *poêle Téfal* (Teflon-Pfanne) und der französische Sprachwitz, der auch akzeptiert, dass häufig gebrauchte Redewendungen durch inhaltlich fragwürdige, aber als lustig empfundene reimende Zusätze «aufgebessert» werden.

C'est comme chez Eléonore. (Quand il n'y en a plus, il y en a encore.)

Ausgangspunkt dieser scherzhaften Wendung ist das beruhigende *Quand il n'y en a plus, il y en a encore!* (Keine Angst, es ist noch etwas davon da!), das im familiären oder wenigstens privaten Kreis eine Gastgeberin lächelnd dann zu ihren Gästen sagt, wenn diese mit scheinheiligen Höflichkeitsbezeigungen um das letzte Stück Fleisch oder Kuchen auf dem Tisch zu ringen beginnen. Oft wird auch nur der Vordersatz *C'est comme chez Eléonore* gesagt, und alle haben verstanden. Der Vordersatz der Wendung kann auch mal anerkennend witzelnd von den Gästen vorgebracht werden: *Mais ici c'est comme chez Eléonore!*

C’est juste, Auguste.
So kann man etwas blumiger sagen: «Das stimmt! Recht hast du!»

Tu nous gâtes, Agathe!
Obwohl die Verwendung dieses Ausdrucks als besonders nettes und lustiges Kompliment für die Kochkünste der Hausherrin naheliegt, ist sie nicht darauf beschränkt, denn auch im übertragenen Sinn kann man sagen: «Du verwöhnst uns!»

Tu parles, Charles!
Mit diesem Ausdruck kann man seine herbe Enttäuschung oder seine Illusionslosigkeit kundtun. *Mon patron m’avais promis une augmentation de salaire. Et est-ce que je l’ai eue? Tu parles, Charles!* (Mein Chef hatte mir eine Gehaltserhöhung versprochen. Und habe ich sie bekommen? Denkste! Pfeifendeckel!)

Tu rigoles, Anatole!
Ein einfaches *Tu plaisantes!* (Du machst wohl Spaß!) kann man auf diese Weise aufbessern. Übersetzen kann man es zum Beispiel mit «Soll das ein Witz sein? Mach keine Witze!»

Das klingt bedeutend freundlicher als *Tu es fou!* (Du spinnst ja!), kann aber sinngemäß durchaus in diese Richtung gehen.[118] Auch mit *Tu parles, Charles!* kann es Sinnüberschneidungen geben.

Erweiterter Gebrauch
Manchmal tut’s im Französischen auch ein Reimwort, das kein Eigenname ist. Letztens fragte mich meine (französische) Frau zum Beispiel:
Veux-tu qu’on fasse les courses ce matin?

118 Auch *Tu es fou!* ist nicht immer böse gemeint. Als Antwort auf die Übergabe eines Geschenkes bedeutet es einfach «Das ist toll, aber es wäre doch nicht nötig gewesen, so viel Geld auszugeben!»

Da ich, schlecht ausgeschlafen und wegen der verdächtig regelkonformen Inversion *veux-tu* mit dem Schlimmsten rechnend, auf dieses versteckte Verlangen nach einer Einkaufstour mit einem einfachen *Non!* antwortete, bekam ich prompt zurück:
Réponse claire et nette, clarinette.
Was soviel bedeutete wie «Du warst schon mal gesprächiger, aber wenigstens weiß ich jetzt, woran ich bin.» oder, schlichter ausgedrückt: «Das war deutlich!»

Eigennamen in Begriffen und Redewendungen

Im Kapitel «Scherzreime mit Eigennamen» haben wir eine ganze Reihe von Redewendungen kennengelernt, die nur mit dem Klang von Eigennamen spielen. In anderen Fällen wird aber eine Handlung, ein Ereignis oder eine Sache sinngemäß mit einem Eigennamen verknüpft. Der Sinnzusammenhang kann dabei sehr verschieden sein. Er kann zum Beispiel auf die Herkunft, den Erfinder, ein historisches Vorbild oder eine vergleichbare literarische Figur hinweisen. Da die verwendeten Eigennamen immer noch auf eine bestimmte Person oder Sache hinweisen, werden sie großgeschrieben.

Bœuf Stroganov
Dieser Küchenbegriff wurde aus dem Französischen in verschiedenen Formen ins Deutsche übernommen: *Bœuf Stroganoff* (oder *Stroganow* oder *Stroganov*), *Filetspitzen Stroganow*, *Gowjadina Stroganov*. Ob dabei die Anzahl der Sterne des Etablissements dabei eine Rolle spielte?

Nach der deutschen Wikipedia (unter «Bœuf Stroganoff») wurde das Gericht «möglicherweise (...) für einen Kochwettbewerb Ende des 19. Jahrhunderts in Sankt Petersburg erfunden, bei dem es als Sieger hervorgegangen sein soll. Benannt ist es nach der russischen Adelsfamilie Stroganow (...)», wobei die Einzelheiten etwas umstritten sind. Wie halt immer.

Etymologie – nur für Neugierige

Bœuf (Rind) kommt von dem lateinischen *bove(m)* mit gleicher Bedeutung. Die Ligatur *«œ»* (*e dans l'o*, wie die Franzosen das buchstabieren) soll wohl die Erinnerung an das *«o»* des lateinischen Wortes wachhalten. Es ginge aber genauso gut ohne, da die Buchstabenkombination *«oeu»* die gleiche Aussprache ergäbe. Mehr dazu finden Sie im Kapitel «Abgesang auf die Ligatur ‹œ›».

Boutonner Pierre avec Paul

Diese Redewendung bedeutet «falsch zuknöpfen, einen Knopf ins falsche Knopfloch stecken». Es ist schon eigenartig, dass dafür zwei Apostel bemüht werden müssen. Aber warum ausgerechnet diese beiden Apostel? Die Antwort liegt auf der Hand: Weil ihre Kombination im kirchlichen Leben geläufig war und ist. Man denke nur an die vielen Peter-und-Paul-Kirchen. Diese beiden Apostel stellen von Anbeginn die beiden Eckpfeiler (und einander oft widersprechenden Exponenten) der christlichen Lehre und ihrer Verbreitung im Mittelmeerraum dar.[119]

Anwendungsbeispiel: *Mais tu as boutonné Pierre avec Paul!* (Du hast ja deine Jacke ganz schief zugeknöpft!)

Siehe auch «Déshabiller Pierre pour habiller Paul».

C'en sont ... et Dalila

Wenn Sie einen Satz beginnen mit *«C'en sont...»*, können Sie sicher sein, dass irgendein Spaßmacher ergänzt mit *«... et Dalila»*,

119 Eigentlich war ja nur Petrus ein Apostel, d. h. ein Jünger, der Jesus lebendig erlebt hat. Saulus/Paulus hat sich aber mit seiner Bekehrungsgeschichte, in der ihm sozusagen der lebendige – aber faktisch schon gestorbene – Jesus auf dem Weg nach Damaskus erschien, selbst zum Rang des Apostels erhoben. Mit dem bekannten Erfolg.

bevor Sie weiterreden können. Das ist natürlich ein Hinweis auf die bekannte alttestamentarische Liebesgeschichte von Simson und Delila. Aber warum macht einer das?

Hintergrund dieses Verhaltens ist, dass in der französischen Sprache seit vielen Jahren eine Abkehr von gewissen Germanismen stattfindet, die nicht mehr so richtig in das romanische Gerüst der Sprache passen, aber bis – sagen wir – vorvorgestern vorgeschrieben waren. Dazu gehörte die Regel, dass *ce* als Subjekt mit der Pluralform des Verbs *être* verbunden werden musste, falls von mehreren Gegenständen oder Personen die Rede war. Ich habe im Gymnasium z. B. noch gelernt, dass man sagen musste: *Ce sont des bêtises.* Heute wirkt das gestelzt. Die Franzosen sagen und schreiben jetzt ganz spontan: *C'est des bêtises.* Das ist heute systemkonformer.[120] Ein Rückfall in die alte Mode fällt auf und wird sofort grinsend mit ... *et Dalila* sanktioniert.[121]

C'est pas le Pérou!

Zur Zeit der Inkas – und der spanischen Eroberungszüge in der Neuen Welt – war Peru der Inbegriff eines überwältigenden Reichtums, denn die Goldvorräte der Inkas schienen grenzenlos. Daraus ergaben sich mehrere in positivem Sinn verwendete Redewendungen wie *C'est un Pérou!* oder *C'est le Pérou!* (Das ist ja ein riesiges Vermögen / eine gewaltige Summe!)[122]

Von all diesen Redewendungen ist heute nur noch die negative Variante in Gebrauch, nämlich *C'est pas le Pérou!* (Damit kann man keine großen Sprünge machen! Das ist ja eine lächerliche Summe!), und selbst Robert schreibt hier nicht *Ce n'est pas*, sondern *C'est pas*, weil die Wendung nur in der Umgangssprache, das heißt ohne *ne*, gebraucht wird.

---

120 Man könnte es auch einen erfolgreichen Systemzwang nennen.

121 Da diese nicht mehr ganz neue Neuerung in der Schriftsprache immer noch nicht alle Hürden genommen hat, sollten Sie in karriererelevanten Situationen zurückhaltend damit umgehen.

122 Nach Robert.

Coiffer Sainte Catherine

Wenn man in Frankreich von einer jungen Frau sagt, *elle va coiffer Sainte Catherine*, so bedeutet das, dass sie demnächst 25 Jahre alt wird und immer noch unverheiratet ist.

Bei der Heiligen handelt es sich um Catherine d'Alexandrie (Katharina von Alexandrien), deren Standbild in vielen katholischen Kirchen zu sehen war oder ist.[123] Die Redewendung kommt von dem alten Brauch, die Statue dieser Heiligen an ihrem Ehrentag, dem 25. November, mit einer besonderen Kopfbedeckung zu versehen. Das althergebrachte Privileg zu dieser Handlung lag bei den unverheirateten Frauen, die mindestens 25 Jahre alt waren. *Elles coiffaient Ste Catherine.* Im wörtlichen Sinn. Auf diese Weise wussten die anwesenden heiratslustigen Männer Bescheid ...

Heute bedecken die *catherinettes* in manchen Gegenden lieber ihren eigenen Kopf[124] mit einer besonderen, frei erfundenen Haube *(coiffe)*, und im Gegensatz zu ihren verschämten Vorfahren, die ein 25-jähriges Mauerblümchendasein eher als Schande empfanden, feiern sie ausgelassen ihr Single-Dasein.

Die Redewendung *coiffer Sainte Catherine* ist auf jeden Fall das Gegenteil des deutschen «unter die Haube kommen», das ja soviel wie «geheiratet werden» heißt.

Colonne Morris

Kennen Sie Herrn Litfaß? Natürlich nicht! Wissen Sie, was eine Litfaßsäule ist? Na klar!

Ihr jeweiliger Erfinder gab diesen Werbesäulen in beiden Sprachen ihren Namen – und verschwand im Nebel der Geschichte ...

---

123 Nachzulesen in der französischen Wikipedia unter «Sainte Catherine».

124 Selbst ist die Frau!

Coquille Saint-Jacques

Man findet hierfür die deutsche Entsprechung «Jakobsmuschel» oder «Jakobspilgermuschel».

Kultureller Hintergrund ist der vielbegangene europäische Pilgerweg nach Santiago de Compostela (französisch *Saint-Jacques de Compostelle*) in Nordwestspanien, auf dem sich die Pilger traditionell als Erkennungszeichen eine solche Muschel an Hut und/oder Mantel heften, denn der Heilige Jakobus, der zum Schutzpatron der Pilger wurde, bekam diese Muschel posthum als Erkennungszeichen zugedacht.[125] Ähnliche Bräuche gab es auch auf anderen Pilgerwegen, aber der Name ist dieser Muschelart[126] geblieben. Schauen Sie sich mal um in Deutschland; mehrere «ausgemuschelte» Pilgerwege fangen dort an!

Aber warum ausgerechnet diese Muschel, und keine andere? Das hat wohl mit dem biologischen Hintergrund zu tun, denn die Jakobsmuschel ist eine der wenigen Muschelarten, die sich aktiv fortbewegen kann.[127] Und sie ist dabei so langsam wie der Pilger auf dem Fußweg nach Santiago de Compostela ...

Déshabiller Pierre pour habiller Paul

Diese christlich unterfütterte Redewendung bedeutet «sich von einer Tasche in die andere lügen; ein Loch mit dem anderen stopfen; dem einen nehmen, was man dem anderen gibt». In der modernen Politik heißt das zum Beispiel «eine Steuererleichterung gegenfinanzieren» ...

Zu den beiden Aposteln siehe auch «Boutonner Pierre avec Paul».

---

125 Näheres siehe deutsche Wikipedia unter «Jakobus der Ältere».

126 Zur Erinnerung: Das Wort *moule* bezeichnet ausschließlich die Miesmuschel. Der allgemeine Ausdruck für eine Muschel ist *coquillage*.

127 Diesen Hinweis verdanke ich der Diplombiologin Estelle Hower-Tilmann, die zufällig eine meiner Töchter ist.

Etre Gros-Jean comme devant

Dieser Ausdruck für «genauso schlau sein wie zuvor» kommt laut ROBERT von einem vom Vornamen *Jean* abgeleiteten, aber untergegangenen Wort *gros-jean* im Sinn von «albern, dumm», welches nur in dieser Redewendung noch erhalten ist. Altertümlich ist auch der Gebrauch von *devant* in zeitlichem Sinn. Es wird heute nur noch örtlich gebraucht – neben dem zeitlichen *avant*.

Faire comme Charles

Warten kann unangenehm sein. Da reden die Franzosen schon einmal gern blumig drum herum, zumal sie Sprachwitze über alles lieben. Im realen Leben kann das dann so ablaufen:

«– Qu'est-ce qu'on fait?
– On fait comme Charles.
– Pourquoi?
– Parce que Charlatan (lautgleich mit Charles attend).»

Allzu ernstes logisches Hinterfragen der letzten Antwort macht nur den Witz kaputt, ohne Aufklärung zu bieten. Für diese typisch französische Art von Sprachwitz kenne ich keine deutsche Entsprechung.

Fier comme Artaban

Die Bedeutung dieses Vergleichs kann von «ganz stolz» über «stolzgeschwellt» bis «überheblich» gehen.

Nach LAROUSSE und anderen[128] kommt der Eigenname in dieser Wendung von dem besonders stolzen und arroganten Helden Artaban des inzwischen weitgehend vergessenen historischen Romans *Cléopâtre* von Gautier de La Calprenède (Mitte 17. Jahrhundert, 12 Bände, 4153 Seiten).

128 Z. B. www.expressio.fr, www.linternaute.com, frz. Wikipedia.

Es gibt auch *fier comme un paon* (stolz wie ein Pfau), *fier / orgueilleux comme un pou* (stolz wie eine Laus). Ein Pfau, das kann man sich ja vorstellen. Aber haben Sie schon einmal eine stolze Laus gesehen!?

Etymologie – nur für Neugierige

Sprache schafft sich immer wieder ihre eigene Welt, und diesmal aus rein lautlichen Gründen! Nach ROBERT haben sich hier – kurz gesagt – die Wege zweier Wörter im Lauf ihrer Geschichte gekreuzt. Sowohl die volkslateinische Laus *peduculu(m)* (statt klassisch-lateinisch *pediculus*) als auch das inzwischen untergegangene, heute nur noch als weibliches *poule* (Huhn) und als Verkleinerungsform *poulet* (Hähnchen) existierende Wort für den Gockelhahn waren zu *pouil*[129] geworden. Zwar entfernten die beiden Wörter sich dann lautlich wieder voneinander, aber in unserer Redewendung wurde – rein sprachlich – der Gockel mit der Laus verwechselt. Vor dieser Verwechslung bedeutete *fier comme un pou(il)* nämlich «stolz wie ein Gockel». Und das gibt Sinn, denn den Stolz des *coq gaulois* und sein *cocorico* kennen wir!

Gefördert wurde die Verwechslung durch die Tatsache, dass sich für den Gockelhahn das Wort *coq* durchgesetzt hatte, so dass die entsprechende Zweitbedeutung von *pouil* in Vergessenheit geraten war.

Jean-qui-rit Jean-qui-pleure

So bezeichnet man in Frankreich oft ein kleines Kind, das häufig und übergangslos zwischen Lachen und Weinen wechselt oder oft, aber nie lange weint. Sie kennen solche Kinder? Ich auch.

---

129 Heute noch im Verb *pouiller* (lausen) enthalten.

Jouer à colin-maillard

Diese Redewendung bedeutet «Blindekuh spielen». Es scheint also um ein harmloses Kinderspiel zu gehen. Der historische Ursprung ist jedoch alles andere als trivial.

Jean Colin-Maillard war ein Krieger des 10. Jahrhunderts, der in einer Schlacht nach dem Verlust beider Augen trotzdem blind mit seinem Holzhammer um sich schlagend weitergekämpft hat. Sein Namenszusatz Maillard soll von seiner Waffe, dem *maillet* (Holzhammer) kommen. Nach diesem Mann wurde im Französischen das Spiel benannt, bei dem ein Spieler mit verbundenen Augen seine Mitspieler erwischen muss.[130]

Ursprünglich handelte es sich also nicht um den Namen eines Spiels, sondern um den Eigennamen des Mannes Jean Colin-Maillard, dessen Rolle der Spieler mit den verbundenen Augen spielte. Folgerichtig wurde dieser großgeschrieben. Inzwischen kennt kaum noch jemand den historischen Hintergrund, und man ist zur Kleinschreibung übergegangen, was für den Namen eines Spieles normal ist.

Das deutsche Blindekuh hat übrigens nichts mit einer Kuh zu tun, sondern mit einer früher bei dem Spiel oft verwendeten Tiermaske ohne Augenlöcher.[131]

M. Dupont

So nennt man in Frankreich den «Mann von der Straße». (Eine «Frau von der Straße» gibt es wohl deswegen nicht, weil da ein Prostitutionsverdacht aufkommen könnte. Diese Machos aber auch!)

Hintergrund dieser Benennung ist, dass *Dupont* ein häufiger Familienname in Frankreich ist. Kein Wunder, dass es auch Firmen gibt, die *Dupont & Dupont* heißen. Und dass die bekannten

---

130 Nach der französischen Wikipedia unter «Colin-maillard» und «Jean Colin-Maillard».

131 Näheres bringt die deutsche Wikipedia unter «Blinde Kuh».

Quasi-Doppelgänger in *Tintin*[132] ausgerechnet *Dupond* und *Dupont* (zusammen *les Dupondt*) heißen, ist also auch kein Zufall.

Paysan du Danube

Mit dieser heutzutage gar nicht nett gemeinten Benennung belegt man im Französischen einen Hinterwäldler.

In schroffem Gegensatz zu seinem heutigen Sinn steht die wahrscheinlich hehre Abkunft des Ausdrucks, denn vielleicht ist Jean de la Fontaine mit seinem *Paysan du Danube* zwar nicht sein Urheber, aber unsere bekannteste Quelle.[133]

Bei Marc Aurel (und im Zitat des Jean de la Fontaine) war der Hinterwäldler eine positive Gestalt, zwar äußerlich ein Bauerntölpel (in den Augen der Römer), aber menschlich den Römern weit überlegen. Er las den im Luxus verkommenen Römern die Leviten, obwohl das für ihn als Mitglied eines unterworfenen Germanenstammes tödlich ausgehen konnte. Im heutigen Ausdruck ist leider nur der Bauerntölpel geblieben. Arme Bayern! Arme Schwaben!

Pêche Melba

1892 wurde vom Küchenchef des Londoner Hotels *Savoy* Pfirsich Melba als besondere Nachspeise zu Ehren der australischen Sängerin Nellie Melba kreiert, die in dem Hotel abgestiegen war. Die Sängerin gab damals die Erlaubnis, die Nachspeise nach ihr zu benennen. Näheres können Sie in der deutschen Wikipedia unter «Nellie Melba» nachlesen.

Tranquille comme Baptiste

Diese Wendung spricht von einem Menschen, der sich nicht aus der Ruhe bringen lässt, seine gute Laune bewahrt und vielleicht

132 Von Hergé.

133 Jean de la Fontaine bezieht sich seinerseits auf den römischen Kaiser Marc Aurel. Den Text der Fabel finden Sie auf www.jdlf.com/lesfables/livrexi/lepaysandudanube.

auch ein bisschen zu sorglos mit seiner aktuellen Lage umgeht. Der hier genannte Baptiste hat sein Vorbild in einer komischen Figur des 19. Jahrhunderts, die auf eine ebensolche der Französischen Revolution zurückgehen könnte. Mitten im Gemetzel der Revolutionswirren brachte dieser Baptiste mit seiner legendären Naivität und Sorglosigkeit ganz Paris zum Lachen.[134]

Eigennamen als Wörter

Manchmal werden Eigennamen nicht nur als solche in Redewendungen und Vergleichen benutzt, sondern sie mutieren zu Wörtern. Der Unterschied zwischen beiden ist, dass ein Eigenname nur eine bestimmte Person oder Sache, ein Wort dagegen eine ganze Gattung oder Klasse von Personen oder Sachen bezeichnet. Was da vor sich geht, ist eine Sinnübertragung oder Metaphernbildung. Je mehr dabei der Charakter des Eigennamens verlorengeht, desto häufiger wird er kleingeschrieben. Die Übergänge sind aber fließend.

Bernard l'hermite / bernard l'hermite

Klar ist, dass hier der Einsiedlerkrebs gemeint ist. Der Eigenname wird im Französischen meist nicht mehr als solcher empfunden und daher meist klein geschrieben. Nach ROBERT ist das Wort vermutlich (!) okzitanischen Ursprungs. Im Okzitanischen wurde *bernat* als Namenszusatz für alle möglichen Tiere benutzt. Wie der Hl. Bernhard lebt der betreffende Krebs als Einsiedler, das heißt, allein in einer Klause, in seinem Fall: einer leeren Schneckenschale.[135]

---

134 Nach http://www.pourquois.com/expressions_langage/pourquoi-etre-tranquille-comme-baptiste-.html.

135 Nein, keine Muschelschale! Zum Glück habe ich eine Diplombiologin in der Familie ...

Das Wörterbuch geht leider nicht der Frage nach, wieso im Okzitanischen *bernat* auch für andere Tiere genommen werden konnte, bei denen kein Bezug zu Bernhard zu bestehen scheint. Da ist also noch Klärungsbedarf.

Capharnaüm

Dieses Wort war ursprünglich ein Ortsname, auf Deutsch Kapernaum. Es wurde aber in mehreren romanischen Sprachen (französisch, italienisch, portugiesisch, spanisch) zum allgemeinen Ausdruck für ein «heilloses Durcheinander».

Der galiläische Ort Kapernaum ist uns hauptsächlich durch das Neue Testament der Bibel bekannt. In Matthäus 8, 5-13 wird berichtet, dass Jesus dort den Knecht eines Hauptmanns und andere Kranke geheilt hat.

Erklärungsversuch anhand des Französischen: Nach dem dickbauchigen Wörterbuch von Robert bezeichnete der Name dieser Ortschaft im 17. Jahrhundert ein Gefängnis und wurde dann zu einem Lieblingswort von Honoré de Balzac und französischen Romantikern mit der heutigen Bedeutung «unaufgeräumter Raum», «heilloses Durcheinander» sowie «Haufen wahllos herumliegender Gegenstände». Aber das erklärt nicht, warum ausgerechnet der Name dieser Ortschaft zum Ausgangspunkt eines französischen Wortes mit dieser Bedeutung wurde. Das Wörterbuch schlägt ohne rechte Überzeugung vor, dass da eine Verbindung mit der Menge der herbeigeeilten Kranken bestände, und tritt damit in die Fußstapfen des altehrwürdigen Dauzat. Die französische Wikipedia dagegen (unter «Capharnaüm») bestätigt nicht nur die heutige Bedeutung und den Ursprung des Wortes, sondern sagt in einer Fußnote auch: *«Capharnaüm: grande ville de commerce, et pour cela, ce nom a pris le sens vulgaire de lieu où mille choses sont entassées.»* (Kapernaum: große Handelsstadt, und daher hat dieser Name den volkstümlichen Sinn eines Ortes angenommen, an dem tausend Dinge aufgehäuft sind.)

Bleibt die Frage: Warum hat diese Stadt nur die Sprecher einiger romanischer Sprachen so stark beeindruckt, dass sie daraus ein Wort ihrer Sprache machten? Hat Wiki Recht?

Charlemagne

Außer Karl dem Großen kann mit diesem Wort auch der Herzkönig des Kartenspiels gemeint sein. Kleinschreibung ist bei diesem großen Herrscher natürlich nicht angesagt, auch wenn er nur noch als Spielkarte fungiert.

Karl der Große war dafür berühmt, dass er alle seine Besitztümer bis zu seinem Lebensende behalten konnte. Daher kommt einerseits dieser Ausdruck für den Herzkönig (der in einigen Kartenspielen der stärkste König ist) und andererseits die Redewendung *faire Charlemagne* (gewinnen).

Charlotte

Klein geschrieben bedeutet dieses Wort: Abdeckhaube, Damenhut mit Spitzenvolant, Duschhaube oder einen speziellen Nachtisch.

Anwendungsbeispiel: *mettre une charlotte sur une jatte* (eine Schale mit einer Plastikhaube abdecken)

Der *charlotte* genannte Nachtisch wurde laut französischer Wikipedia[136] zu Ehren von Charlotte de Mecklembourg-Strelitz erfunden und bekam daher seinen Namen. Laut deutscher Wikipedia, unter «Charlotte (Süßspeise)» war Sophie Charlotte von Mecklenburg-Strelitz (1744–1818) nicht nur die Frau des englischen Königs Georg III., sondern auch Namensgeberin speziell für den warmen Nachtisch. Aber was hat ein Nachtisch mit einer Haube, einem Hut oder gar einem Volant zu tun?!

136 Artikel «Charlotte (dessert)».

Jacques / jacquerie

Das Wort *jacques* (kleingeschrieben!) wurde abgeleitet vom Vornamen *Jacques*, und zwar seit dem Bauernaufstand von 1358. Nach ROBERT zeigen zeitgenössische Texte, dass unter den aufständischen Bauern auffallend viele diesen Vornamen trugen, so dass er bald als Gattungsname auf alle Bauern angewandt wurde.

Die *jacquerie* (Bauernaufstand) wiederum wurde abgeleitet von *jacques* (Bauer). Eine der literarisch berühmtesten *jacqueries* ist der im Roman *Jacquou le croquant* von Eugène LeRoy beschriebene Bauernaufstand.[137] Dazu passt der Name des Helden *(Jacquou)*, der eine Koseform von *Jacques* ist. Da *croquant* ebenfalls einen Bauern bezeichnet, heißt der Romantitel eigentlich doppelt gemoppelt «Bäuerchen, der Bauer», – was dem Erfolg des Buches jedoch keinen Abbruch tat.[138]

Jeannette

Wer heute von einer *jeannette* (kleingeschrieben!) redet, meint ein Hemdbügelbrett. Erklärung für alle, die lieber bügeln lassen als bügeln: Es handelt sich um ein etwas kleineres, für Hemdsärmel geeignetes Bügelbrett, das man als Zusatz auf das große Bügelbrett (oder anderswohin) stellen kann.

Das Wort hat eine lange Geschichte hinter sich und ist über viele Umwege zur heutigen Bedeutung gekommen. Klar ist nur, dass es als Koseform vom häufig gebrauchten Frauennamen *Jeanne* abgeleitet wurde. Aber nicht alle seine inhaltlichen Verwandlungen lassen sich erklärend nachvollziehen. Die wichtigsten Stationen seines Bedeutungswandels vor dem heutigen Sinn waren[139]: *une étoffe* (ein Stoff), *une fourrure* (ein Pelz), *une espèce de plante mal définie* (eine ziemlich undefinierte Pflan-

---

137 Veröffentlicht 1899.

138 Auch heute noch mit literarischem Genuss lesbar.

139 Laut ROBERT.

zenart), *le narcisse des poètes* (die Weiße Narzisse, Narcissus poeticus), *une mince chaîne d'or à laquelle s'attache une croix, portée par les femmes sur la gorge* (eine feine goldene Halskette, an der man ein Kreuz befestigt), das Kreuz an der *jeannette* genannten Kette, das man auch *croix à la jeannette* nannte. Und das alles nur, um als Bügelbrettchen zu enden!

Jules / julie

Heutige Bedeutungen des männlichen *jules* sind: Freund, Lebens(abschnitts)partner, Liebhaber, Typ (im Sinn von paarbildendes männliches Pendant), Ehemann. Da hier ein Wort entstanden ist (was schon der Gebrauch mit Artikel zeigt), sollte *jules* kleingeschrieben werden. Was nicht immer beachtet wird, besonders im Internet. Typische Anwendungsbeispiele:

Tu connais le jules de Françoise? (Kennst du den Typen, mit dem Françoise befreundet ist?)

Tu crois qu'elle viendra avec son nouveau jules ce soir? (Meinst du, dass sie heute Abend mit ihrem neuen Freund kommt?)

Die weibliche *julie* wird viel seltener als *jules* gebraucht, hat aber dann den gleichen Sinn wie dieser, nur eben für die weibliche Hälfte eines Paares.

Letztendlich steckt da natürlich der Familienname von Caius Iulius Caesar dahinter, der als Vorname eine große, aber nicht immer ruhmvolle Karriere gemacht hat. Nachdem dieser zum Wort gewordene Eigenname zwischenzeitlich einen bei den Sprachwissenschaftlern stark umstrittenen «Nachttopf» bezeichnet hatte[140], wurde er Anfang 20. Jahrhundert zum Begriff für «Zuhälter» und «Ganoven», zu denen allerdings auch oft die Beamten der Sittenpolizei gezählt wurden, da sie – wie böse Zungen behaupteten – die Zuhälterei mit Schutzgelderpressun-

140 Nach Robert.

gen mehr förderten als verhinderten. Wenn Caesar das wüsste, würde er sich im Grab umdrehen!

Minerve

Das Wort geht ganz offensichtlich auf den Namen der römischen Göttin Minerva zurück, die – wie ihr griechisches Gegenstück Athene – ein Sinnbild für Klugheit und Intelligenz war. Nach ROBERT wurde der Name von Rabelais in diesem Sinne ins Französische übernommen, machte mehrere Sinnwandlungen durch und ist heute nur noch für eine orthopädische Halsstütze gebräuchlich. Diese *minerve* verhilft ihrem Träger oder ihrer Trägerin zu einer wahrhaft göttlichen Kopfhaltung, beispielsweise nach einem Schleudertrauma. Leider ist die Person, die so ein Ding zu tragen gezwungen ist, meist nicht so recht in der Lage, sich ihrer Minerva ähnlichen Kopfhaltung zu erfreuen ...

Robert

Die Bedeutung dieses Wortes ist merkwürdig zweigeteilt: einerseits «blaues Auge», andererseits «Titte» (als Letzteres meist im Plural, da das Französische keinen Dual kennt[141]). ROBERT (diesen Kalauer konnte ich mir auch nicht entgehen lassen), gibt folgende Erklärungen:

Das blaue Auge war die erste Bedeutung dieses Ausdrucks (ohne dass ROBERT dafür eine Erklärung geben würde). Sie findet sich noch regional (in der Gegend von Lyon) und in den im *argot* geschriebenen Krimis von San Antonio.

Heute redet man (wer ist «man»?) meist von *les roberts* (die Titten). Das kommt vom Markennamen der ersten industriell gefertigten Baby-Flaschen mit Gummischnuller. Aber deswegen ist das Wort noch lange nicht wirklich gesellschaftsfähig. Eben wie «Titten» auch.

---

141 Auch die Altphilologie hat ihre Witze, aber ich weiß, ohne bestandenes Graecum kann man darüber nicht lachen.

A propos San Antonio: Seine Romane aus dem Ganovenmilieu sind die wahrscheinlich beste Gelegenheit, auf vergnügliche Weise den Pariser *argot* kennenzulernen. Das ist das französische Pendant zum Berliner Rotwelsch, aber viel weiter verbreitet als dieses. San Antonio schreibt seine Krimis vollständig in diesem Jargon. Lustig, spannend, aber keine leichte Kost für Nicht-Franzosen!

Saint-bernard

Die Hunderasse der Bernhardiner ist auch in Deutschland bekannt. Man kann sie sich ohne das rettende Fässchen am Hals kaum vorstellen. Und trotz ihrer großen Bedeutung werden sie kleingeschrieben, weil ihr Name zum Wort geworden ist.

Bei der Benennung handelte es sich zunächst um eine verkürzte Redeweise für *chien du mont Saint-Bernard*. Die Mönche des Hospizes am Sankt-Bernhard-Pass benutzten vorzugsweise diese Hunderasse zur Suche von Vermissten im Schnee. Dann wurde die Bedeutung auf einen barmherzigen Menschen – wie diese Mönche – ausgeweitet.

Saint-honoré

Der *saint-honoré* ist ein Kuchen aus Brandteig mit Sahne- oder Puddingfüllung. Eine deutsche Entsprechung für diesen Namen ist mir nicht bekannt.

Ursprung ist wohl der Name des Schutzpatrons der Bäcker und Konditoren oder der gleiche Name einer Straße in Paris, wo sich die Konditorei befand, die dem Kuchen den Namen gegeben hat.

Saint-pierre

Der mit diesem Ausdruck bezeichnete Fisch (deutsch: Heringskönig) hat auf jeder Seite einen runden Fleck, der von der Legende als der Fingerabdruck gedeutet wird, den Petrus hinterließ, als er auf Geheiß Jesu dem erstbesten gefangenen Fisch das Maul öffnete und darin das zur Steuerzahlung notwendige Vier-Drachmen-Stück fand (siehe Matthäus 17, 24-27).

Im Evangelium steht übrigens nur die Aufforderung an Petrus, aber nichts über den Erfolg des Fischfangs. Für den damaligen Leser stand er wohl außer Frage. Das Thema des Bibelabschnitts ist auch nicht die Wundertätigkeit Jesu, sondern sein Umgang mit der römischen Finanzverwaltung. Steuern zu zahlen galt nämlich unter den Juden im römisch besetzten Palästina als Kollaboration, Verrat und Sünde.

Sainte barbe

Der von der Geschichte überholte militärische Ausdruck für das Pulvermagazin eines Kriegsschiffes kommt von der Heiligen Barbara, der Schutzpatronin der Kanoniere.

Zum familiären Ausdruck für einen Stimmungstöter oder Langweiler kam der Begriff durch eine Sinnvermischung mit den im gleichen Sinn gebrauchten Ausdrücken *barbe (La barbe!)* und *barber (Tu nous barbes!)*.[142] Ähnlich liegt das deutsche «Der Witz hat ja einen Bart!».

Valentin(e)

In manchen Kulturen Afrikas (zum Beispiel bei den Peuls) gibt oder gab es die Sitte, dass jedem/jeder Jugendlichen ab einem gewissen Alter ein(e) *Valentin(e)*, also eine Art ständige(r) Begleiter(in) oder Freund(in), zugeteilt wurde, mit dem/der sie/er «in allen Ehren», d. h. ohne Sex, das andere Geschlecht kennenlernen und die Anfänge der Annäherung an es «üben» konnte. Eine kurzweilige Erläuterung dieser Sitte finden Sie in Amadou Hampâté Bâ, *Amkoullel, l'enfant peul*.

---

142 Nach Robert.

Vespasienne
Dieser Name des Pissoirs oder Pinkelhäuschens kommt vom römischen Kaiser Vespasian, der mit Hilfe der auf solche Pinkulatorien[143] erhobenen Steuer die Staatsfinanzen aufbesserte. Der Harndrang muss damals überaus groß gewesen sein, wenn die daraus hervorsprudelnden Einnahmen staatliche Budget-Relevanz hatten! Lag das am Essen oder Trinken der Römer? Hatten sie etwa eine Blasenschwäche? *Allez savoir!*

Von Vespasian stammt auch der berüchtigte lateinische Spruch *Pecunia non olet* (Geld stinkt nicht), den dieser seinem Sohn Titus, einem Kritiker seiner «anrüchigen» Finanzpolitik, entgegenhielt.

143 Oder «Befreiungshallen», wie es in einem der bekanntesten Biergärten Münchens unter Anspielung auf die historische Befreiungshalle beim bayerischen Kelheim heißt.

Intermezzo: Faire mal

Dass unsere älteste Tochter Estelle sprachbegabt ist, fiel uns zum ersten Mal auf, als wir sie, die noch kein Wort Deutsch kannte, nach unserem Umzug von Frankreich nach Deutschland in den deutschen Kindergarten steckten, wo sie erst einige Wochen lang keinen Ton von sich gab und dann die Kindergärtnerin und ihre Spielkameraden plötzlich mit einem Schwall perfekt formulierter deutscher Sätze überraschte. Selbige Tochter hat uns kurze Zeit darauf mit tiefen Einblicken in die französische Sprache beglückt, als wir mit ihr zum deutschen Kinderarzt gingen. Da sie ängstlich dreinschaute, fragten wir sie nach dem Grund. Ihre Antwort: *«Parce que ça faimalera.»* (Weil das wehtun wird.)

Dieser Satz spricht Bände über die Schwierigkeit des mündlichen Erwerbs des Französischen als Muttersprache und auch als Fremdsprache. Seit auf dem Weg zum modernen Französisch der vom Latein geerbte Wortakzent verloren gegangen ist (denn Französisch wird heute nicht mehr Wort für Wort, sondern paketweise betont), ist es kein Wunder, wenn einem Kind – oder auch manchem älteren Neuling im Französischen – die oft gehörte Formel *fait mal* (tut weh) als ein einziges Wort erscheint. Und dann kann eine der stärksten Kräfte der Sprachentwicklung, die Analogie, in Kraft treten und das als Verb erkannte **faimal(e)* an das häufigste französische Konjugationsmodell, nämlich dasjenige mit dem Infinitiv auf *«-er»*, anpassen.

Unsere Tochter hat übrigens die französische Sprache beim Verlassen der Arztpraxis noch einmal mehr bereichert, indem sie uns fragte: *«Pourquoi il m'a pas donné de médicamembert?»* Steht bis heute in keinem Wörterbuch.

Grammatik to go

In unserem grammatikalischen Coffeeshop werden wir nicht nur der real existierenden Gegenwart begegnen, sondern auch auf überlebende Saurier und Anklänge der Sphärenmusik der Zukunft stoßen. Erwarten Sie aber bitte keine Vollständigkeit!

À – das kleine Wort mit der großen Karriere

In der Schule brachten sie uns anno dazumal bei, dass es im Deutschen keine Wörter mit einem einzigen Buchstaben geben durfte. Obwohl wir, da wir vom Kurpfälzer Dialekt geprägt waren, ein Ein-Buchstaben-Wort ständig im Munde führten. Aber das bestand, wie man uns sagte, in Wirklichkeit aus zwei Buchstaben. Nur dass man den ersten meist wegließ, beim Sprechen, nur beim Sprechen. Beim Schreiben mussten wir durch einen Apostroph auf das Fehlen des *«e»* aufmerksam machen. Um zu zeigen, dass wir wussten, dass da, wo nichts war, etwas hätte sein sollen. Weitere Fragen nach dem Warum wurden mit der damals üblichen pädagogischen Feinfühligkeit niedergebügelt, indem der Lehrer schnaubte: «'s is' halt so!»

Dabei übersahen die gelehrten Lehrer völlig, dass sich ein ganz offizielles Ein-Buchstaben-Wort in den deutschen Wörterbüchern tummelte, nämlich das aus dem Französischen in die deutsche Sprache übernommene *à* im Sinn von «(zu) je». *J'ai acheté dix timbres à 55 centimes.* (Ich habe zehn Briefmarken à 55 Cent gekauft.)[144]

144 Ja, die Franzosen haben das Wort *centime* auch für den Euro beibehalten. Zur Not sagen sie *centime d'euro*, wenn die Lage unklar ist. Aber meistens ist sie klar.

Das Wörtchen *à* hat dank Welthandel und Internet eine rasante internationale Karriere gemacht, zunächst in seiner französischen Form à, dann in der amerikanischen Form @.

Neben dieser speziellen Bedeutung hat das Wörtchen *à* aber auch wichtige Funktionen im Satz.

Das Wörtchen *à* leitet das ein, was man im Lateinischen einen Dativ nannte, heute aber eher als indirektes Objekt abhandelt. *Il a fait un cadeau à son frère. Au diable l'avarice!* (Um Himmels willen nicht *Au diable la varice!* – obwohl man ihm gern Krampfadern und vieles mehr wünschen würde.)

> **ACHTUNG, FALLE:** Ein indirektes Objekt kann normalerweise durch ein dem Verb vorangestelltes Personalpronomen ersetzt werden. *Il a fait un cadeau à son frère. Il lui a fait un cadeau.* In der 1. und 2. Person Singular nimmt dieses Pronomen dann die unbetonte Form an. *Il m'a fait un cadeau. Il t'a fait un cadeau.* Dies gilt jedoch nicht für Verben wie *penser à qn./qc.* (an jmd./etw. denken) und *tenir à qn./qc.* (an jmd. hängen, auf etw. Wert legen), bei denen das indirekte Objekt das einzig mögliche Objekt ist. *Je pense à toi. Il tient à moi.* Beispiele wie *Je lui pardonne* (Ich verzeihe ihm) oder *Cela lui sert* (Das nützt / dient ihm) sind kein Gegenbeweis, weil dort ein zweites Objekt möglich, also implizit vorhanden ist. *Je lui pardonne son infidélité. Cela lui sert de leç*on.

Das Wörtchen *à* dient auch als Präposition für Orts-, Zeit- und sonstige Umstandsangaben. *J'habite à Munich mais je vais souvent à Paris. Nous allons au Luxembourg ou au Portugal, aux Etats-Unis, aux Caraïbes ou à la Réunion. J'ai mal à la tête, à la gorge, à l'épaule, au bras, au ventre, au genou, au pied* oder wo auch immer, vor allem aber *mal aux dents* und *mal au foie*[145].

145 Ja, Franzosen haben immer *mal au foie*, warum auch immer, Deutsche nie, warum auch immer.

Das alles, weil es sich um männliche oder im Plural stehende Ländernamen oder um Inseln oder um Körperteile handelt. *On va au paradis mais en enfer. (Allez savoir pourquoi!) A bientôt! Je l'ai rencontrée à cinq heures. Ce tableau est peint à la manière de Degas. Aller au pas, au trot, au galop.* In dieser Funktion stehen *à* und *en* in direkter Konkurrenz, wie schon *au paradis* und *en enfer* zeigen. Wir werden darauf zurückkommen. Aber zuvor noch eine Warnung (*mise en garde*): Wenn Sie statt *avoir mal au ventre* usw. einen substantivischen Ausdruck brauchen, dann müssen Sie eine andere Präposition verwenden, nämlich *de*: *Ma femme a souvent des maux de tête terribles. Le mal de ventre peut cacher toute sorte de maladie. Ce mal de crâne dépasse toutes les bornes.*

Das Wörtchen *à* kann eine Eigenschaft ausdrücken, für die kein passendes Adjektiv existiert. *Un homme aux cheveux bruns, la dame aux camélias*[146]*, l'enfant au gentil sourire.*

Achtung, Weiterentwicklung (Avantgarde): Man liest und hört heute immer öfter *un homme avec des cheveux bruns* und Ähnliches. Dafür wäre ich in meiner Schulzeit noch (virtuell) gesteinigt worden. Heute stört das niemanden mehr (nicht meine Steinigung, sondern die Redeweise), aber ich finde das gräulich (greulich in alter Schreibung, warum sollte es auch grau sein!).

In der Umgangssprache und in Dialekten kann das Wörtchen *à* (statt *de*) eine Besitzerangabe einleiten, vorzugsweise, wenn es um mehrere Besitztümer geht. *C'est une fille à François Gigot* (fragen Sie mich nicht, wer das ist, ich stehe eben auf *gigot d'agneau*, auf Lammkeule). Im kanadischen Französisch gibt man seinen Stammbaum an, indem man sich in die (meist) männliche Ahnenkette einreiht: *Pierre* (ich) *à Jean-Marie* (mein Vater) *à Maurice* (mein Großvater) *à Philippe* (mein Urgroßva-

146 *Un grand merci à Alexandre Dumas fils!*

ter). Mit literarischem Genuss nachzulesen in Antonine Maillet, *Pélagie-la-Charrette*.

Eine Zwischenstellung zwischen Besitz und Eigenschaft nimmt *un fils à papa* ein. Das ist ein junger Mann, dessen wichtigste Eigenschaft die ist, dass er einen gut situierten Vater hat, der ihm sein Leben finanziert und jedes Ungemach von ihm fernhält. Sonst ist nichts los mit ihm. Dagegen ist *un fils à maman* meist, aber nicht unbedingt, ein Muttersöhnchen. Innerhalb der Familie können beide Ausdrücke auch einfach zur Feststellung einer Ähnlichkeit oder Seelenverwandtschaft verwendet werden. Sie haben dann keinen üblen Beigeschmack. Man kann sie sogar mit Verstärkung hören: *C'est un fils à sa maman. C'est la fille à son papa.* Bitte diese Ausdrucksweise nicht in Prüfungen und Bewerbungen verwenden!

Konkurrenz

Wie bereits oben gesehen, ist einer der wichtigen Konkurrenten von *à* die Präposition *en*.

Manchmal steht der Kampf unentschieden, weil jedes der beiden Wörtchen sein Spezialgebiet gefunden und besetzt hat. So stehen *à l'avant* (vorn, im vorderen Teil) und *à l'arrière* (hinten, im hinteren Teil) gegen *en avant* (vorwärts, nach vorn) und *en arrière* (rückwärts, nach hinten), *au fait* (übrigens) behauptet sich neben *en fait* (in Wirklichkeit), und die Mengenangabe *au moins* (mindestens) trotzt dem einräumenden *du moins* (zumindest). *Au fait, ton copain Georges joue les grands malades mais en fait il est en excellente santé. Cette femme a au moins cinquante ans, du moins on en a l'impression.*

Manchmal ist der Kampf noch nicht ausgestanden, wie bei *à la retraite* und *en retraite*, die beide «in Rente» bedeuten und heutzutage parallel benutzt werden. *Je suis à la retraite / en retraite*. Gleiches gilt für *un à un* und *un par un*.

Auch bei den Eigenschaften ist *à* nicht konkurrenzlos, denn man sagt: *une femme de taille moyenne, un homme d'âge mûr, un oiseau de mauvais augure.*

Etymologie – nur für Neugierige

Das Wörtchen ***à*** kommt von der lateinischen Präposition *ad* (zu, bei, an) und hat im Laufe der Jahrhunderte viele funktionale Nischen besetzt, die von dem in Auflösung begriffenen, erst lateinischen und dann altfranzösischen Deklinationssystem nicht mehr gehalten werden konnten. Sämtliche Fälle außer dem Nominativ (der den Vokativ geschluckt hatte) mussten Teile ihres Herrschaftsgebietes an *à* abtreten.

Der Konkurrent ***en*** kommt von lateinisch *in*, hat aber ein viel weiteres Einsatzgebiet als Letzteres, denn er hat auch die Anwendungsfälle erobert, bei denen lateinische Ortsangaben ohne Präposition, einfach durch den Akkusativ (Frage: wohin?) oder den Genitiv bzw. Ablativ (Frage: wo?) formuliert werden konnten. Das war zum Beispiel bei Städtenamen so.

Kombination mit dem bestimmten Artikel

Der französische bestimmte Artikel entstand aus dem lateinischen Demonstrativpronomen *illu(m)*, das als unbetont vorangestelltes Wort[147] auf dem Weg zum Altfranzösischen ziemlich Federn lassen musste: *illu(m) > le / illos > les / illa(m) > la / illas > les*. Während die Kombination mit *à* im Femininum Singular durch bloße Aneinanderreihung zu *à la* geschieht, kommt es bei den anderen Formen zu einer Verschmelzung, in der das zunächst verbleibende *«l»* zu *«u»* wird. Die heutige Pluralform *aux* geht aber auf das Konto der mittelalterlichen Schreiber. Dieses ursprünglich kalligrafische, nicht orthografische Problem begegnet einem im Französischen auf Schritt und Tritt, wie im

147 Die Linguisten sprechen hier von einem proklitischen Wort.

Kapitel «Wo einem das Französische ein X für ein U vormacht» zu sehen ist.

Dass man die deklinierten Artikelformen im Relativpronomen *lequel / laquelle / lesquels* (das als Ersatz für *qui* dienen kann) an das Wort *quel / quelle / quels / quelles* anklebt, setzt dem Ganzen dann nur noch ein Sahnehäubchen auf.

Adjektiv und Adverb

Das Adjektiv sollte eigentlich eine einfache Sache sein, ist es im Französischen aber nicht. Bietet schon die Lautentwicklung aus dem Lateinischen oder dem Germanischen (um nur die Hauptakteure zu nennen) viele Probleme, so tut es erst recht der Gebrauch dieser Wortart, denn die Grenze zwischen Adjektiv und Adverb ist fließend.

Adjektive auf *-al*

Wie bei den Substantiven gibt es bis heute auch bei den Adjektiven die von den Schülern gehassten «Ausnahmen» auf *-al*, von denen einige den Plural auf *-aux* bilden, andere aber nicht. Warum auch immer.

Nach den Regeln der französischen Lautentwicklung ist es zunächst einmal völlig normal, wenn die Endung eines Adjektivs (oder auch Substantivs) auf *«-al»* im männlichen Plural auf *«-aux»* endet. Und die meisten Adjektive halten sich auch daran. Hier einige Beispiele: *crucial* > *cruciaux, génial* > *géniaux, original* > *originaux, verbal* > *verbaux.*

Doch sind die Fronten bereits aufgeweicht. Unter dem Systemzwang – den man auch als sprachlichen Konformismus bezeichnen könnte – bilden einige Adjektive den männlichen Plural bereits auf *«-als»*. Auch hiervon einige Beispiele: *banal* > *banals, fatal* > *fatals, final* > *finals, naval* > *navals.*

Das wird vielleicht einmal Schule machen, ist aber derzeit nur für eine sehr begrenzte Anzahl namentlich bekannter Adjektive zugelassen!

Etymologie – nur für Neugierige

Entgegen dem Anschein sind die Formen auf *«-aux»* die sprachgeschichtlich normalen, obwohl sie auf einem typografischen Missverständnis beruhen. Gelehrte sind eben auch nur Menschen. Und Klosterbrüder sowieso. Eine Zusammenfassung dieses Problems haben wir bereits im Kapitel «Wo einem das Französische ein X für ein U vormacht» gesehen.

Die Formen auf *«-als»* haben aus irgendwelchen Gründen, etwa weil sie neueren Datums oder «gelehrte» oder italianisierende Formen sind, die Verwandlung des Konsonanten *«l»* in den Vokal *«u»* nicht mitgemacht und sind damit der oben erwähnten typografischen Verwechslungsgeschichte entgangen.

Adverbien, wirklich und scheinbar unregelmäßige

Wie wir bereits im Kapitel «Adverbienbildung mit *‹-ment›*» gesehen haben, wird das französische Adverb normalerweise durch Anhängen von *«-ment»* an die weibliche Form des entsprechenden Adjektivs gebildet (wie *pur* > *purement*, *cher* > *chèrement*). Das hat sich schon herumgesprochen. Bei Adjektiven, deren weibliche Form etymologisch unsinnig, aber heute üblich ist (wie *grand* > *grandement*), läuft das nicht anders (siehe auch das Kapitel «Unnötig Weibliches»). Dass dies im Prinzip ebenfalls für Adjektive gilt, die im Französischen keine besondere weibliche Form haben, ist auch kein Problem (siehe *agréable* > *agréablement*, *sage* > *sagement*, *sauvage* > *sauvagement*). Aber dann kommen die Ausnahmen!

Bei Adjektiven, die auf einen anderen Vokal als ein sogenanntes «stummes *e*» enden, verzichtet man auf den eigentlich verlangten Zusatzvokal der weiblichen Form. So zu sehen bei *décidé > décidément, infini > infiniment, éperdu > éperdument, goulu > goulument, voulu > voulument, dû > dûment*[148].

Einige Adverbien bekommen einen – auf den ersten Blick – durch nichts zu rechtfertigenden, aber von jedem Lehrer einzufordernden *accent aigu* auf den Hintern. Beispiele: *commun > communément, conforme > conformément, exprès > expresse > expressément, immense > immensément, impuni > impunément, intense > intensément.* Die heutigen Franzosen empfinden diesen Akzent einfach als Ausspracheerleichterung, aber das ist natürlich nicht alles. Jedes dieser Adverbien hat eine eigene Geschichte zu erzählen.

- ***Communément*** (gemeinhin) kommt nicht von *commun*, sondern von *communal*, das regelgerecht zu *communel* geworden war und gemäß seinem lateinischen Ursprungswort keine grammatischen Geschlechter unterschied. Das Adverb dazu hieß daher ab dem 13. Jahrhundert *communelment.* Da aber das «*l*» vor Konsonant allmählich verstummte, musste die Aussprache des *«e»* durch einen Akzent gesichert werden – was die heutige Form ergab.[149] Damit hat wiederum das heutige *communal* bedeutungsmäßig nicht viel zu tun.
- ***Conformément***[150] (gemäß, nach Maßgabe) passt zwar sinngemäß zum Adjektiv *conforme*, kommt aber der Form nach vom Partizip *conformé*, das wiederum vom Verb *conformer* abgeleitet ist.
- ***Expressément*** (extra, ausdrücklich) gibt es – je nach wissenschaftlichem Autor – bereits seit dem 12. oder 13. Jahr-

148 Man beachte, dass hier der *accent circonflexe* erhalten bleibt, obwohl eine Verwechslung mit dem Artikel nicht möglich ist.

149 Robert sieht das etwas komplizierter, widerspricht sich teilweise selbst, kommt aber zum gleichen Ergebnis. Zum ähnlich gelagerten *gentiment* kommen wir noch.

150 Robert übersieht den Akzent einfach.

hundert in verschiedenen Schreibweisen. Aber keiner erklärt, woher das *«é»* kommt.[151]

- ***Immensément*** (ungeheuer, enorm) ist erstens selten und zweitens eine späte literarische Erfindung. Keines der üblichen Wörterbücher erklärt das *«é»*.[152]
- ***Impunément*** (ungestraft) gibt es erst seit dem 16. Jahrhundert. Vorher hieß es erwartungsgemäß *impuniment*. Warum man dann auf einmal das *«i»* in ein *«é»* umwandelte, weiß anscheinend niemand.[153]
- ***Intensément*** (intensiv) tauchte zwar bereits im 14. Jahrhundert auf, aber kein Gelehrter weiß wirklich, warum. ROBERT spricht etwas hilflos von einer möglichen Analogie zur Adverbienbildung der Perfektpartizipien auf *«-é»*, wie *aisé > aisément*.

Beim Adverb ***gentiment*** (netterweise, brav) wird einfach das sowieso nicht ausgesprochene Schluss-*«l»* des Adjektivs *gentil* auch in der Schrift weggelassen. Höre ich da Proteste, die darauf verweisen, dass das Adverb immer von der weiblichen Form des Adjektivs gebildet wird und diese *gentille* heißt, was zu **gentillement* führen müsste? Falsch gedacht, denn *gentil* kommt von dem lateinischen *gentile(m)*, und dieses gehört zu einer Deklination, in der es keinen Unterschied zwischen Männlein und Weiblein gibt. Da *«l»* vor Konsonant schon im Altfranzösischen erst vokalisiert wird und dann oft verschwindet (wie beim Helm: *helmu[m] > heaume*), wurde *gentiment* ganz regelgerecht von *gentil* aus gebildet, dessen *«l»* einfach vergessen hat, einer Rechtschreibreform zum Opfer zu fallen.[154] Unregelmäßig ist

151 ROBERT und DAUZAT schweigen sich darüber aus.

152 ROBERT und DAUZAT nennen Saint-Simon (um 1700) als Quelle und bedecken das *«é»* mit Schweigen.

153 ROBERT und DAUZAT schweigen.

154 Verzeihen Sie den Gallizismus! Ich hatte das halb scherzhafte *il a oublié d'être victime d'une réforme* im Hirn. Das ist eine typische Folge der Zweisprachigkeit.

dagegen das Auftauchen der eigenen weiblichen Form *gentille*, mit Ableitungen wie *gentillesse*[155]. Im Mittelalter bedeutete *gentil* übrigens nicht «nett» und «brav» wie heute, sondern «von hoher Geburt, adlig».

Die Adverbien ***brièvement*** (kurz) und ***grièvement*** (schwer) sind schwierigere Kandidaten, die man allerdings zusammen abhandeln kann, weil sie einander wahrscheinlich in ihrer Entwicklung beeinflusst haben. Während das von lateinisch *breve(m)* kommende *brièvement* das vordere, kurze *«e»* regelgerecht in den Diphthong *«ie»* verwandelt, muss man bei dem von lateinisch *grave(m)* kommenden *grièvement* annehmen, dass es zunächst – unter dem Einfluss von *breve(m)*? – zu *greve(m)* mit kurzem *«e»* geworden ist, bevor dann die gleiche Diphthongierung wie bei *breve(m)* zugeschlagen hat. Beiden ist aber gemeinsam, dass man das Überleben der Endsilbe *«-ve»* nur durch die Annahme begründen kann, dass hier (wie auch bei *grand* > *grande*) in der lateinischen Volkssprache ein Deklinationswechsel oder eine entsprechende Femininbildung eingetreten ist. Denn das weibliche *«-a(m)»* – statt vorherigem *«-e(m)»* – bleibt im Französischen (allerdings abgeschwächt zu *«-e»*) immer erhalten, und die eigentlich zu erwartende Verwandlung des *«v»* zu *«f»* (und sein späteres Verschwinden) wird gestoppt.[156] So spannend kann die französische Lautentwicklung sein!

Darüber wollen wir aber nicht vergessen, dass *grièvement* heute nur noch in Verbindung mit Verletzungen verwendet wird, wie in *grièvement blessé* (schwerverletzt), *blesser grièvement* (schwer verletzen). Ansonsten hat sich das durch einen Rückgriff aufs Latein entstandene *gravement* durchgesetzt, wie in *gravement malade*.

155 Nach Robert bereits im 12./13. Jahrhundert, bei Chrétien de Troyes in der Form *jantillesce*.

156 Ein Beispiel, wo dieser Vorgang wegen der verstummenden Endung *«-e(m)»* nicht gestoppt wurde, ist *clave(m)* > *clef* > *clé*.

Adverbien auf *«-amment»* oder *«-emment»*

Wie oben gesehen, wird das Adverb normalerweise durch Anhängen der Endung *«-ment»* an die weibliche oder einzige Form des Adjektivs gebildet. Neben den bereits genannten Unregelmäßigkeiten fällt vor allem eine Gruppe von Adjektiven auf, die das Adverb nicht von einer spezifisch weiblichen Endung aus bildeten, sondern direkt von der aus dem Latein erwachsenen und für Männlein und Weiblein gleichen Endung *«-ant»* beziehungsweise *«-ent»*. Daraus entstand *«*-antment»* bzw. *«*-entment»*. Die Konsonantenhäufung *«*-ntm-»* mit dem bereits im Hochmittelalter verstummten *«-t-»* in der Mitte und dem nur noch die Nasalisierung des vorangehenden Vokals anzeigenden *«-n-»* wurde anschließend zu *«-mm-»* vereinfacht, was das heutige *«-amment»* bzw. *«-emment»* ergab.

Auf diese Weise entstanden Adverbien, die heute, obwohl sie völlig regelmäßig nach den normalen Lautentwicklungsregeln der französischen Sprache gebildet wurden, im Meer der Adverbien, die aus sprachhistorisch nicht immer berechtigten Femininformen entstanden sind, als bizarre oder lästige Ausnahmen gelernt werden müssen[157]. Beispiele (jeweils Adjektiv > Adverb): *courant > couramment, savant > savamment, évident > évidemment, fréquent > fréquemment, négligent > négligemment, prudent > prudemment.*

Ein Wort zu *«mm»*. Glauben Sie nicht, dass diese Konsonantenverdoppelung wie im Deutschen die kurze und emphatische Aussprache des vorangehenden Vokals anzeige! Bei Wörtern, die auf dem Weg über das Altfranzösische zu uns gekommen sind, signalisiert *«mm»* genau wie *«nn»* nur die ehemals nasale Aussprache des vorausgehenden Vokals. Was natürlich Folgen haben konnte, denn die Aussprache mancher nasalisierter Vokale hat

---

157 Unter sprachhistorisch unberechtigten Femininformen verstehe ich solche, die im Lateinischen nicht existierten und erst im Französischen – unter dem Druck des Systemzwangs – gebildet wurden, wie *grand > grande* oder *savant > savante.* Siehe auch das Kapitel «Unnötig Weibliches».

sich im Lauf der Geschichte geändert, ohne dass die Schreibung immer daran angeglichen worden wäre. Besonders eindrückliche Beispiele dafür sind die hier besprochenen Adverbien sowie Wörter wie *femme* und *couenne*. Mehr dazu im Kapitel «Die Frau als Problem».

Achtung: Nicht zu jedem Partizip Präsens oder partizip-ähnlichen Adjektiv kann ein solches Adverb gebildet werden! Diese Adverbien stellen heute eine geschlossene Liste von Sauriern dar und werden in einem Wörterbuch wie LAROUSSE einzeln aufgeführt.

Bien – tout bonnement

Das Adverb *bien* gehört zum Adjektiv *bon*, ist jedoch keine direkte Ableitung davon, denn bereits im klassischen Latein gingen hier Adjektiv und Adverb eigene Wege. Das männliche Adjektiv *bonu(m)* führte im Französischen zu *bon*, das weibliche *bona(m)* zu *bonne*, das Adverb *bene* zu *bien*. Die einzige Unregelmäßigkeit dabei gab es also schon im Lateinischen und wurde regelgerecht ins Französische übernommen. Das hinderte die Franzosen aber nicht daran, auch eine «regelmäßige» Adverbbildung *bonnement* zu erfinden; doch ist deren Gebrauch heutzutage auf die Wendung *tout bonnement* (schlichtweg) eingeschränkt.

Ehemalige Adverbien auf *«-s»*

Das Altniederfränkische ist eine Sprache, die das Französische in seiner Entwicklung beeinflusst hat[158], und in diesem germanischen Dialekt gab es die Möglichkeit, mit der Endung *«-s»* Adverbien zu bilden. Umfangreiche Reste davon haben sich bis ins Hochdeutsche erhalten: abwärts, aufwärts, bäuchlings, flugs, geradewegs, meistens, mittels, rittlings, rücklings, rückwärts, vorwärts, zusehends. Aber auch mehrere romanische Sprachen

158 Kein Wunder: Schließlich hatten ja die Franken das Sagen im Land.

haben sich meines Erachtens ein paar verblüffend ähnliche Erinnerungsstücke an diese Adverbienbildung bewahrt. Im Französischen sind das *à califourchons* (rittlings), *à reculons* (rückwärts) und *à tâtons* (tastend).[159]

Etymologie – nur für Neugierige

Dass es sich um ehemalige Adverbien handelt, stimmt nur im Französischen, Provenzalischen[160] und Spanischen[161], weil die dort noch verwendeten Adverbien dieser Art nicht mehr ohne eine einleitende Präposition benutzt werden können. Das verleiht ihnen den Charakter eines Substantivs, und nur die gesamte Kombination aus Präposition + angebliches Substantiv besitzt noch adverbialen Charakter. Nicht so im Italienischen, wo sich die Verwendung ohne Präposition wenigstens teilweise erhalten hat! Da gibt es *a cavalcioni* (rittlings), *bocconi* (auf dem Bauch liegend, vornüber), *capitomboloni* (kopfüber, mit dem Kopf nach unten), *carponi* (auf allen vieren, auf alle viere), *(a) penzoloni* (baumelnd, herabhängend, traubenförmig), *strasciconi* (schleppend), *(a) tastoni* (tastend), *(a) tentoni* (tastend; aufs Geratewohl, auf gut Glück).[162]

Die italienischen Beispiele zeigen meiner Meinung nach deutlich, dass im Laufe der romanischen Sprachgeschichte das Wissen darüber verblasste, dass da Adverbien vorlagen. Wegen

159 Wenn meine Erinnerung mich nicht täuscht, hat Kurt Baldinger in seinen Vorlesungen eine ähnliche These vertreten. ROBERT und DAUZAT scheinen, obwohl sie es nicht immer explizit sagen, davon auszugehen, dass jeweils eine Kombination von Präposition und Substantiv im Plural vorliegt. Sie betrachten allerdings ausschließlich das Französische, wo im Gegensatz zum Italienischen heute immer eine Präposition verwendet wird.

160 Provenzalisch: *d'escambarloun* (rittlings), *de reculoun* (rückwärts), *de tastoun* (tastend).

161 Spanisch: *a reculones* (rückwärts).

162 Berücksichtigen Sie bei diesen Beispielen, dass französischem *«-s»* italienisches *«-i»* entspricht. Das ist ein typischer Unterschied zwischen den westromanischen Sprachen, zu denen das Französische gehört, und den ostromanischen Sprachen, zu denen das Standard-Italienisch gehört.

der Formengleichheit verstand man sie immer mehr als Substantive im Plural und fühlte sich daher gezwungen, mit Hilfe einer Präposition die syntaktischen Zusammenhänge zu retten. Das Italienische hat diesen Weg allerdings nur teilweise begangen, so dass dort der Gebrauch der Präposition oft auch heute noch freisteht beziehungsweise gar nicht erst vorgesehen ist. Wegen der engen Verwandtschaft des Italienischen mit dem Französischen kann man auf ganz ähnliche, aber weiter fortgeschrittene Entwicklungen in letzterem schließen.

Es bleibt meines Erachtens zu prüfen, ob nicht auch noch andere Ausdrücke hierher gehören. Zum Beispiel wäre das Adverb *certes* (sicherlich) ein guter Kandidat. ROBERT und DAUZAT leiten es zwar von einem volkslateinischen Adverb **certas* ab, welches das klassisch-lateinische *certo* ersetzt hätte, allein mir fehlt der Glaube. Und die Belege.[163] Auch hier fränkischer Einfluss?[164] Was spricht dagegen?

Rapidement – vite

Die beiden Adverbien bedeuten heutzutage in etwa das Gleiche, nämlich «schnell» und in manchem Kontext auch «nicht sehr gründlich». *On peut rapidement / vite se laver la tête avant de sortir.* Für manche Leute gilt bei der Arbeit die Devise *vite fait bien fait*. Bei positivem Gebrauch hat vielleicht *vite* eher die Nase vorn: *Ce garçon travaille vite (et bien)*. Aber das kann auch nur mein persönlicher Eindruck sein. Wichtig: Zu *rapidement* gibt es das Adjektiv *rapide*, während es zu *vite* kein entsprechendes Adjektiv gibt. *Quelqu'un qui travaille vite est rapide.*

---

163 Das wäre ein weiblicher Akkusativ Plural als Adverb! Die Argumentation der Gelehrten sieht nach einem Rückschluss vom Altfranzösischen aufs Volkslateinische aus. Aber nur umgekehrt würde ein Schuh daraus. Bei der Frage, ob diese lateinische Form überhaupt belegt ist, widersprechen sich übrigens die beiden Wörterbücher.

164 Man muss Gott für alles danken, auch für einen Franken. Sagt der Bayer, und er meint nicht den Schweizer Franken.

Etymologie – nur für Neugierige
Rapidement wurde vom Adjektiv *rapide* abgeleitet, das seinerseits auf das klassisch-lateinische *rapidu(m)* zurückgeht. Schon die bloße Tatsache, dass sowohl *«p»* und *«d»* zwischen Vokalen als auch die zu *«-e»* abgeschwächte Endung *«-u(m)»* nach einem einzelnen Konsonanten erhalten sind, zeigt, dass dieses Wort nicht die normale Lautentwicklung vom Latein zum Altfranzösischen mitgemacht hat. In der Tat wurde das Wort erst am Anfang des 16. Jahrhunderts direkt vom Latein ins Mittelfranzösische übernommen.[165]

Vite dagegen ist, wenn man ehrlich ist, unbekannter Herkunft. Zwar ist verdächtig, dass es im Altfranzösischen erst in der Form *viste* auftaucht[166] und daher von **visitu(m)*, dem (nicht belegten!) volkslateinischen Partizip Perfekt Passiv des klassisch-lateinischen Verbs *visere* (genau ansehen) stammen könnte. Aber all das bleibt unsicher, und manche Forscher suchen eher im Bereich der Lautmalereien nach Erklärungen. Bis ins 17. Jahrhundert wurde *vite* übrigens als Adjektiv verwendet und wurde erst dann zum Adverb.

Akzente – wozu?

Wenn Ihnen bei den französischen Akzenten etwas spanisch vorkommt, dann wohl die Tatsache, dass sie gar nicht die Funktion erfüllen, die man ihnen nach dem Beispiel des Spanischen, aber auch des Italienischen und Portugiesischen gern zuschreiben würde: **Die französischen Akzente haben nichts, aber auch gar nichts mit Betonung zu tun.** Aber womit denn dann?

Die französischen Akzente sind oft Anzeiger für die Klangfarbe des damit versehenen Vokals. Diese Klangfarbe kann allerdings, wie wir noch sehen werden, von einer verlorengegan-

165 Nach ROBERT.

166 Ab 1160, nach ROBERT.

genen Betonung herrühren. Am deutlichsten wird das Problem beim *«e»*.

- *«é»* => geschlossenes /e/
- *«è»* => offenes /e/
- *«ê»* => offenes /e/

Jetzt gibt es aber gleich drei Dinge, die zum weiteren Nachdenken anregen:

1. Es gibt auch ein *«e»* ohne Akzent, und das wird mal so, mal anders ausgesprochen.
2. Die Anzeige des offenen /e/ scheint doppelt vergeben zu sein, nämlich an *accent grave* und *accent circonflexe*.
3. Auf anderen Vokalen als *«e»* scheint ein Akzent keine Auswirkungen auf deren Klangfarbe zu haben, manchmal aber auf seine Länge (Längenunterschiede sind aber im Schwinden), oft jedoch auf gar nichts.

Akzentloser Vokal

Die Färbung eines akzentlosen Vokals hängt von seiner Stellung im Wort und von seiner Umgebung ab. Es gibt Stellungen, in denen sich der Akzent erübrigt (also nicht geschrieben werden darf), weil die Klangfarbe des Vokals bereits durch seine Stellung klar ist. Beispiele:

- *«e»* vor *«s»* + Konsonant > geschlossenes /e/, auch ohne *accent aigu*, wie in *espérer, esprit, essentiel*
- *«e»* vor Doppelkonsonant > offenes /e/, auch ohne *accent grave*, wie in *belle, nette, terre*
- *«e»* vor *«r»* + Konsonant > offenes /e/, auch ohne *accent grave*, wie in *expert, fermer, germer*
- *«e»* vor *«x»* + Konsonant > geschlossenes /e/, auch ohne *accent aigu*, wie in *excroissance, expert, extérieur*
- *«e»* vor *«f»*, *«l»* oder *«t»* am Wortende > offenes /e/, auch ohne *accent grave*, wie in *fief, fiel, net*

Das ist alles schön und gut (wenn auch nicht vollständig), aber in der heutigen französischen Umgangssprache verschwimmt oft der Unterschied zwischen offenem und geschlossenem /*e*/, so dass die Aussprache uns nicht immer auf die Sprünge helfen kann. Zum Beispiel klingt heutzutage der Schlussvokal von Wörtern wie *cornet* oder *harnais* oft wie bei *cornée* bzw. *charmé*. Was natürlich viele Franzosen weit von sich weisen werden. Manche sogar mit Recht. Aber hören Sie mal bei anderen genau hin!

Übrigens hat das Französische bei seinen drei Akzenten allgemeine Benutzungsbestimmungen:

- Auf einem *«a»* darf nur ein *accent grave* oder ein *accent circonflexe* stehen.
- Auf einem *«e»* darf jeder der drei Akzente stehen.
- Auf einem *«o»* darf nur ein *accent circonflexe* stehen.
- Auf einem *«u»* darf nur ein *accent grave* oder ein *accent circonflexe* stehen.

Diese Regeln werden einem sofort klar, wenn man auf einer französischen Tastatur einen Brief z. B. auf Spanisch oder Portugiesisch schreiben will. Das geht nicht so einfach! Denn für jede zugelassene französische Buchstaben-Akzent-Kombination außer derjenigen mit dem *accent circonflexe* hat die französische Tastatur eine eigene Taste. Man kann damit kein *«á»*, *«ó»* oder *«ò»* schreiben. Von der Tilde bei spanischem *«ñ»* und portugiesischem *«-ão»* oder *«-ões»* ganz zu schweigen. Aber das geht bei uns auch nicht ohne Tricks.

Accent aigu gegen accent grave

Die Erhaltung des *accent aigu* in Futur und Konditional von Verben wie *céder (je céderai, je céderais)* ist zwar ein alter, gut gehüteter Hut, aber die aussprachegerechte Schreibung mit *accent grave (je cèderai, je cèderais)* ist seit den *Rectifications orthographiques du français en 1990* dennoch im Kommen, zunächst allerdings nur als Empfehlung.[167] Bis sich vielleicht die aktuelle großstädtische (sprich: Pariser) Tendenz, vortoniges *«è»* und *«ê»* zu *«é»* abzuschwächen, irgendwann durchsetzt und der Zug wieder in die Gegenrichtung fährt ... Es bleibt also spannend. Aber bitte nichts übereilen! Denn auch die Mühlen der *Académie française* mahlen langsam ...

Ähnliches Problem, anderer Schauplatz, andere Lösung: Die Wörter *événement* und *allégrement* dürfen inzwischen auch *évènement* und *allègrement* geschrieben werden, was der Aussprache entspricht. Zu meiner Schulzeit kam da immer der gestrenge Zeigefinger des Lehrers hoch, um uns Schülern den *accent aigu* als Ausnahme für ein offenes */e/* einzubläuen. Nicht nur die Zeiten, sondern auch die Sprachen ändern sich, ständig, aber – sehr – langsam!

Accent grave gegen accent circonflexe

Mit dem *accent grave* gibt es keine sonderlichen Probleme, wenn man einmal verstanden hat, dass er immer dann gebraucht wird, wenn ein «*e*» trotz einer Stellung, die eigentlich eine geschlossene Aussprache oder ein Verstummen fordert, offen ausgesprochen werden muss und ein *accent circonflexe* nicht angesagt ist. Beispiele: *je cède, il gèle, pinède, proxénète.*

Siehe aber auch «Doppeldeutiges», weiter unten.

Über den *accent circonflexe* geht immer noch das Gerücht um, er stehe an der Stelle eines ausgefallenen *«s»*. Das ist aber nur die halbe Wahrheit.

In der Tat ist die Verwendung als *s*-Ersatz recht häufig, wie die folgenden Beispiele zeigen[168]: *août* < lateinisch *augustu(m), bête* < lateinisch *bestia(m), chêne* < spätlateinisch *casnu(m), fenêtre* < lateinisch *fenestra(m), hâte* < germanisch *Hast, hôtel*

167 Siehe französische Wikipedia.

168 Teilweise nach ROBERT; man kann ja nicht alles im Kopf haben.

/ *hôpital* < lateinisch *hospitale(m)*[169], *mêler* < lateinisch *miscu-lare, ôter* < lateinisch *obstare, pâmer* < altfranzösisch *pasmer* < lateinisch **spasmare, pâte* < spätlateinisch *pasta(m), tempête* < lateinisch *tempesta(m).*

Es gibt aber auch viele Fälle, in denen der Akzent andere Ausfälle anzeigt. Beispiele: *chaîne* < lateinisch *catena*, *gêne* < altfranzösisch *gehine* < althochdeutsch *jehan*[170], *jeûner* < lateinisch *jeju-nare, poêle* (Pfanne) < lateinisch *patella(m), prôner* < Substantiv *prône* < altfranzösisch *prodne* < volkslateinisch **protinu(m)* < spätlateinisch *protiru(m)*[171].

Manchmal ist aber auch gar nichts ausgefallen, sondern der Akzent zeigt nur einen geschlossenen, langen Vokal an. Beispiele: *cône* < lateinisch *conu(m)* (im Gegensatz zum Adjektiv *conique*, das den gleichen Ursprung hat!), *crâne* < spätlateinisch *craniu(m).*
In anderen Fällen sollte man einen *accent circonflexe* erwarten, aber er wird trotzdem nicht geschrieben. Beispiel: *baume* < altfranzösisch *basme* < lateinisch *balsamu(m).*

Und die Moral von der Geschicht': Diesem Akzent trau' man nicht!

Doppeldeutiges

Jeder Französischschüler kennt den Spruch «Auf der Oder schwimmt kein Graf», mit dem man sich merken kann, dass auf *ou* (oder) im Gegensatz zu *où* (wo, wohin) kein *accent grave* stehen darf. Das zeigt, dass französische Akzente auch mal gern

169 Obwohl ein Hotel und ein Hospital zwei Paar Stiefel sind, kommen sie im Französischen tatsächlich von ein und demselben lateinischen Wort, und wir Deutsche haben das einfach abgekupfert.

170 Vereinfachte Darstellung nach Robert.

171 Vereinfachte Darstellung nach Robert.

zum Auseinanderhalten sonst formal identischer, aber inhaltlich verschiedener Wörter verwendet werden.

Ein anderes Beispiel hierfür ist die Unterscheidung zwischen *du* (männlicher bestimmter Artikel in dem Fall, den wir Deutsche «Genitiv» nennen[172], beziehungsweise männlicher Teilungsartikel) und *dû* (*participe passé* von *devoir*). Dass es wirklich nur um diese Unterscheidung geht, sieht man daran, dass der Akzent bei den nicht verwechselbaren deklinierten Formen des Partizips von *devoir* wegbleibt: Man schreibt *dus*, *due* und *dues*.

Ein Hauch von Germanien

Nach einer alten Schulweisheit gibt es im Französischen zwei Arten von *«h»*. Das eine ist unbehaucht, kommt vom Latein und wird behandelt, als ob es nicht da wäre, wird also nicht gesprochen. Deshalb schreibt man zum Beispiel *l'haleine* (der Atem) und sagt *l'aleine*. Das andere *«h»* ist behaucht *(h aspiré)*, kommt vom Germanischen und ist beim Sprechen auf keinen Fall auszulassen. Deshalb schreibt und spricht man zum Beispiel *le héraut* (der Herold), wobei man von dem *«h»* selbst zwar ebenfalls nichts hört, aber seine Anwesenheit verhindert die *élision*, das heißt, die Verkürzung des Artikels und das lautliche Verschmelzen der beiden Wörter.

Dass die Wirklichkeit etwas komplexer ist als das, was man den Schülern so erzählt, sieht man schon daran, dass zwar *haleine* letztendlich vom lateinischen Verb *anhelare* abstammt, aber nur indirekt, denn es wurde wohl vom französischen Verb *halener* aus gebildet, das zwar von *anhelare* kommt, aber trotzdem mit einem behauchten *«h»* anfängt: *je halène...*[173]

172 Ich drücke mich so umständlich aus, weil die fortschrittlicheren französischen Grammatiken die Fälle aus ihrem Repertoire verbannt haben.

173 Machen Sie sich nichts daraus, wenn Sie dieses Verb nicht kennen, denn das geht vielen so!

Und *héraut* ist der einzige behauchte «Ausrutscher» in einer ansonsten durchweg unbehauchten Wortfamilie: siehe *héraldique* und andere.

Aber es kommt noch schlimmer: Man sagt und schreibt tatsächlich *l'hinterland* und *l'hitlérisme* trotz des germanischen «*h*», aber *le huguenot*, obwohl der Hugenotte vom deutschen «Eidgenossen» kommt, der überhaupt nicht mit *«h»* anfängt ...

Lassen wir die Statistik sprechen, mit der man bekanntlich alles beweisen kann. Die dabei zu Grunde gelegten französischen Wörter habe ich in meinem Internet-Auftritt www.verbalissimo.com unter «Behauchtes *h* im Französischen (alphabetische Wortliste)» zusammengestellt und unter «Behauchtes *h* im Französischen (Wörter nach Sprachgruppen)» nach Herkunft sortiert. Es würde zu weit führen, die Tabellen in dieses Buch zu integrieren.[174]
Unter Inkaufnahme einiger möglicher Ungenauigkeiten kann man daraus folgende Herkunftstabelle für die französischen Wörter aufstellen, die ein sogenanntes behauchtes *«h»* enthaltenden:

Herkunft	**Absolut**	**Relativ**
Germanisch	273	54,2 %
Romanisch (letztlich Latein)	84	16,7 %
Germanisch-romanische Kreuzung	40	7,9 %
Lautmalerei	27	5,4 %
Semitisch (Arabisch, Hebräisch)	25	5,0 %
Herkunft umstritten oder unbekannt	15	3,0 %
Griechisch	12	2,4 %
Ungarisch	11	2,2 %
Sonstige (Afrikanisch, Chinesisch, Hindi, Japanisch, Karibisch, Persisch, Slawisch, Tatarisch, Türkisch)	17	3,3 %
Summe	504	100 %

174 Zu den Wortlisten kommen Sie über die Menükaskade von www.verbalissimo.com: Deutsch > Themenkreise > Sprachen nach dem Turmbau zu Babel > Romanische Sprachen > Französisch.

Man sollte keine Statistik unkommentiert lassen. Daher folgen einige Bemerkungen zu Obigem.

Etymologie – nur für Neugierige

Der hohe Anteil germanischer Wörter zeigt, dass die eingangs erwähnte Schulweisheit nicht ganz falsch ist. Wenn man aber aus der Tabelle all die Wörter entfernte, die zwar aus hochliterarischen oder historischen Gründen noch in den französischen Wörterbüchern stehen, aber vom heutigen französischen «Mann auf der Straße» und dessen Frau nicht mehr benutzt werden, käme man nicht nur auf eine bedeutend geringere Gesamtzahl von Fällen, sondern es fielen unverhältnismäßig viele germanische Wörter weg, obwohl neuerdings durch die steigende Tendenz zum «Franglais» über das amerikanische Englisch vermehrt neue germanische Ausdrücke ins Französische eindringen.

Interessanterweise wird das *«h»* der dem modernen Englisch entnommenen Wörter *handicap* und *handicaper* zwar laut Wörterbuch behaucht, aber zumindest bei *les handicapés* besteht die Tendenz, die Behauchung aufzugeben. So deutsche Wörter wie *hinterland*, *hitlérien* und *hitlérisme* wurden dagegen nie behaucht. Warum? Hier tritt die wichtigste Regel aller Sprachentwicklung in Kraft: «Es ist eben so.» Es ist nicht immer erklärlich, warum der Volksmund sich in eine bestimmte Richtung statt in eine andere entwickelt. Einen Denkansatz kann *le haricot* (die Bohne) vermitteln: Dieses Wort hat in der scherzhaft-saloppen Redewendung *Il me court sur l'haricot!* (Er geht mir auf die Nerven!) die Behauchung verloren. Und irgendwann (in Jahrzehnten, in Jahrhunderten?) steht es dann wohl auch so im Wörterbuch ...

Erstaunlich ist jedoch die große Zahl behauchter *«h»* romanischer Abstammungen. Da zur Zeit der Abzweigung der französischen Volkssprache vom Latein das lateinische *«h»* schon lange nicht mehr gesprochen wurde, besteht hier Erklärungsbedarf.

Einer der Gründe für die unerwartet hohe Zahl der Wörter lateinischen Ursprungs mit behauchtem *«h»* ist der volkstümliche sprachliche Kuddelmuddel, sprich: die Kreuzung lateinischer Wörter mit denen anderer Herkunft. Man muss sich das so vorstellen, dass zwei Wörter verschiedener Herkunft einige Jahre, Jahrzehnte oder Jahrhunderte nebeneinander gebraucht werden, sich wegen ähnlicher Aussprache im alltäglichen Gebrauch gegenseitig beeinflussen und letztlich zu einer Art Nachkommen verschmelzen, der Eigenschaften aus beiden ursprünglichen Wörtern besitzt. Und wie bei lebenden Wesen kann der Nachkomme mal mehr der Mutter, mal mehr dem Vater ähneln – oder auch wie ein Transvestit aussehen. So kam zum Beispiel das lateinische *altu(m)* – gesprochen */altu/*, dann */aut/*, schließlich */o/*) – zu seinem behauchten *«h»* vermutlich vom koexistierenden und gleichbedeutenden germanischen *hoch* – gesprochen erst */hokh/*[175], dann */ho/*, schließlich */'o/*, also fast genau wie sein lateinischer Vetter. Schließlich ergab das *haut* und davon das Adverb *hautement*.

Die hohe Zahl der germanisch-romanischen Kreuzungen mit behauchtem *«h»* kommt in der Tat hauptsächlich von der sagenhaften Karriere dieser einzigen Wortkreuzung, die sich zu einer weitverzweigten Familie ausgebreitet hat. Die Familie reicht von der *hausse* der Börsianer über die Oboe *(hautbois)* der Musiker, den *haut-commissaire* der UNO, den *haut-le-corps* zu schneller Autofahrer, den *haut-parleur* sämtlicher Bahnhöfe und (vorläufig) 22 andere Ausdrücke bis zum *hauturier* der Marine. Drei weitere Kreuzungen betreffen das lateinische *hasta* (Lanze), sind jedoch im Zeitalter des Atom- und Computerkrieges technologisch veraltet ...

175 kh = Ach-Laut.

Ein weiterer Grund für «behauchtes *h*» in Wörtern lateinischer Herkunft besteht darin, dass die Eigenheit der *élision*, d. h. des Wegfalls des Artikelvokals wegen der engen lautlichen Verbindung mit dem folgenden Nomen, nicht in allen romanischen Sprachen im gleichen Maß und in einigen überhaupt nicht besteht. Wenn also ein lateinisches Wort, wie oft geschehen, nicht direkt vom Latein, sondern auf dem Umweg über das Spanische zum Französischen gelangt ist, erscheint das *«h»* als «behaucht», d. h. *élision*-verhindernd, obwohl es im Spanischen diese Funktion gar nicht hatte. Im Spanischen kommt es auch dann nicht zur *élision* des Artikelvokals, wenn das folgende Wort mit einem Vokal anfängt (wie bei *la otra*, *la origen*).

Das normalerweise nicht gesprochene und wegen fehlender Übung nur mit einem ungewohnten Aufwand an Kraft und Atem hervorzubringende *«h»* bietet sich den Franzosen auch heute noch für ausdrucksvolle, aggressive oder lustige Lautmalereien an. Dies erklärt den hohen Anteil von lautmalerischen Ausrufen und davon abgeleiteten Wörtern.

Bei den arabischen und hebräischen, d. h. semitischen Ausdrücken sind nur *hammam*, *harem*, *harissa*, *harki*, *hasard* samt Ableitungen, *ha(s)chi(s)ch* und *henné* allgemein gebräuchlich. Die restlichen gehören den Spezialisten. Lautlich besteht hier kein Problem, denn in den semitischen Sprachen wird das *«h»* wirklich ausgesprochen (sogar in bis zu drei Varianten). Es ist also «normal», dass im Französischen ein behauchtes *«h»* daraus wurde.

Auch das Ungarische kennt (nur) ein behauchtes *«h»*. Außerdem kamen ungarische Wörter manchmal auf Umwegen über germanische Sprachen, vor allem das Deutsche, ins Französische. Auch hier hat die Behauchung im Französischen eine Berechtigung.

Anders das Griechische: Wie das Lateinische hat das Griechische den Laut /*h*/ – der dort übrigens nie als eigener Buchstabe, sondern nur als Akzent über einem Vokal oder dem Konsonanten *ρ* (rho) existiert hat – bereits früh verstummen lassen. Was man im Neugriechischen heute als /*h*/ hören kann, ist in Wirklichkeit der Buchstabe *χ* (chi), der lautlich zu /*h*/ abgeschwächt wurde. Warum dann das behauchte «*h*» im Französischen? Ein Beispiel *(la harasse)* stammt tatsächlich von einem *chi (χαραξ = charax)*, doch die anderen Fälle können nur als gelehrte oder kirchliche Ausdrücke zu ihrem behauchten *«h»* gekommen sein. Bei *le héro* gibt es außerdem die «volksetymologische» Deutung, dass man nur auf diesem Wege *les héros* von *les zéros* unterscheiden könne... Vielleicht hat «man» also nur deshalb bei *l'héroïne* auf die Behauchung verzichten können, weil bei einer Heldin der Abstand zur Null klar war? Und was ist mit der Verwechslungsgefahr, die mit der Droge Heroin besteht? Die gleiche Verwirrung herrscht bei der behauchten «Hierarchie» (Wörter auf *hiérarch-*), die den unbehauchten «Heiligtümern» (Wörter auf *hiéro-*) gegenübersteht, obwohl beide vom selben griechischen Adjektiv für «heilig» stammen.

Bei den unter «Sonstige» vertretenen Sprachen steuert jede einzelne nur wenige Beispiele behauchter *«h»* bei. Man müsste bei jeder dieser Sprachen prüfen, ob es in ihr wirklich ein solches *«h»* gibt oder gegeben hat beziehungsweise auf welchem Weg die Behauchung im Französischen zustande gekommen ist. Doch ist diese ganze Sprachengruppe hier statistisch nicht sehr relevant.

Ein oft schwer nachzuvollziehendes Phänomen besteht darin, dass Wörter und Redeweisen manchmal auf dem Weg über eine dritte Sprache oder sogar weitere Sprachen ihren Weg ins Französische gefunden haben und von den Eigenheiten der «Gastsprachen» etwas an ihnen hängen geblieben ist. Dies trifft nicht nur auf Wörter weit entfernter Länder zu (z. B. aus Amerika, Ostasien), sondern auch innerhalb Europas wurde und wird ständig bei Nachbarn, Vormächten und Lieblingsnationen kreuz und quer ausgeliehen und übernommen. Was taugt dann zum

Beispiel noch die Aussage, dass ein Wort lateinischen Ursprungs ist, wenn es nach jahrhundertelangem germanischem «Exil» mit entsprechenden Verformungen nach Frankreich gekommen ist?

Schlussfolgerung

Die eingangs zitierte Schulweisheit, nach der das behauchte *«h»* im Französischen von der germanischen Herkunft der betreffenden Wörter kommt, stimmt nur in etwas mehr als der Hälfte der Fälle (54,2 %). Dazu kommen noch 7,9 % germanisch-romanische Kreuzungen. Der germanische Einfluss wirkt sich also in rund 62 % der Fälle aus.

Daneben gibt es ungefähr 7–11 % von Fällen (je nach Einordnung der noch zu untersuchenden «sonstigen» Sprachen), die durch die Herkunft von anderen Sprachen mit behauchtem *«h»* bedingt sind, sowie 5,4 % «hausgemachte» Lautmalereien.

Obwohl das Latein zur Zeit der Ausbildung der romanischen Sprachen gar kein behauchtes *«h»* mehr kannte, trägt es immerhin 16,7 % der Fälle von behauchtem *«h»* bei. Wegen seines Anteils an den germanisch-romanischen Kreuzungen (7,9 %) kommt das Latein sogar auf einen beachtenswerten Gesamtanteil von 24,6 % – an einem angeblichen Hauch von Germanien!

«H» oder nicht «h», das ist hier die Frage

Gehen wir die Frage nach dem Buchstaben *«h»* einmal grundsätzlicher an. Die Franzosen haben es nicht so sehr damit, weil sie es nach deutscher Meinung nicht aussprechen können (natürlich gemessen an der deutschen Aussprache). Die französische Rechtschreibung erschwert ihnen die Sache zusätzlich, denn:

- erstens drückt *c* + *h* = *ch* den Laut aus, den wir im Deutschen mit *«sch»* wiedergeben,

- zweitens wird *k* + *h* = *kh* in Fremdwörtern oft für die Darstellung des Ach-Lautes verwendet,
- drittens wird in der Schrift zwischen behauchtem und unbehauchtem *«h»* nicht unterschieden,
- und viertens steht längst nicht jedes *«h»* dort, wo es sprachgeschichtlich hingehört.

Bei dem viel benutzten Wort *haut* gibt es immerhin die Ausrede, dass hier ein lateinisches *altu(m)* mit einem germanischen *hoch* gekreuzt und auf diesem Wege mit einem *«h»* versehen worden ist. Aber vor manche Wörter wurde ein *«h»* gesetzt, das in Anbetracht der französischen Lautentwicklung ungerechtfertigt erscheint. Es fällt zum Beispiel auf, dass viele Wörter mit *«ui-»* am Anfang betroffen sind. Bei diesen gab es im Mittelalter allerdings ein Schriftproblem. Man schrieb damals den Vokal *«u»* mit dem gleichen Buchstaben wie den Konsonanten *«v»*, nämlich mit *«u»*. Die Schreibung *uile* hätte also gleichermaßen die heutigen Wörter *ville* oder *huile* anzeigen können. Um solche Mehrdeutigkeiten von vornherein zu vermeiden, setzte man vor jedes vokalische *«u»* ein *«h»*.[176] Und dieses ist uns bis heute erhalten geblieben, obwohl es keine Funktion mehr hat.
Hier einige Beispiele:

- lateinisch *octo* > französisch *huit* (acht)
- lateinisch *ostrea(m)* > französisch *huître* (Auster)
- lateinisch *oleu(m)* > französisch *huile* (Öl)
- lateinisch *ostiu(m)* > französisch *huis* (Tür), heute nur noch in *huis clos*[177] (geschlossene Gesellschaft) und *à huis clos* (hinter verschlossenen Türen) gebräuchlich.

176 Nach Rohlfs.

177 *Un grand merci à Jean-Paul Sartre!*

Bei den folgenden Beispielen könnte die Nähe zum ähnlichen und viel bekannteren Wort *heure* (Stunde) eine Rolle gespielt haben.

- lateinisch *bonu(m) a(u)guriu(m)* > altfranzösisch *bon ëur* > *bonheur* (Glück)
- lateinisch *malu(m) a(u)guriu(m)* > altfranzösisch *mal ëur* > *malheur* (Unglück)
- lateinisch *a(u)guriosu(m)* > altfranzösisch *ëureus* > **ëurex* > *heureux* (glücklich)
- lateinisch *mala(u)guriosu(m)* > altfranzösisch *malëureus* > **malëurex* > *malheureux* (unglücklich)

Durch nichts zu entschuldigen ist das (sogar behauchte) *«h»* bei *huguenot* (Hugenotte), der bekanntlich vom *h*-losen deutschen «Eidgenossen» abstammt. Spielte da die klangliche Nähe zu *Hugues* (Hugo) eine Rolle, der ebenfalls mit einem behauchten *«h»* beginnt?

Ein Beispiel kollektiver Legasthenie ist *haleine* (Atem), das vom lateinischen *anhela* stammen soll und mit einem unbehauchten *«h»* beginnt, während das *«h»* des dazu gehörenden Verbs *halener* behaucht ist, so dass *l'halène* gegen *je halène* steht. *Allez savoir pourquoi!*

Auch im Inneren einiger Wörter kommt ein einsames, d.h. von Vokalen umgebenes *«h»* vor. Bei diesen Vorkommen kann man nur schwer entscheiden, ob es sich um ein *h aspiré* oder ein «normales *h*» handelt. Die Frage ist allerdings auch müßig, weil die Umgebung fixiert ist und sich kein Unterschied in der Aussprache ergäbe. Beispiele:

- *bahut* (Truhe; Penne; Lastwagen)
- *cahute* (Hütte)
- *chahut* (Krach, Spektakel) / *chahuter* (Krach machen, herumtoben)
- *souhaiter* (wünschen)

Etymologie – nur für Neugierige

Bei all diesen Beispielen ist der Ursprung ungewiss, aber manche Gelehrte vermuten, dass sie eine Kombination zweier Wörter sind und der mit *«h»* beginnende Teil ein Wort germanischen Ursprungs ist. Bei *souhaiter* schlägt zum Beispiel DAUZAT eine solche Erklärung vor, ohne sie allerdings wirklich belegen zu können.[178]

Aber vielleicht liegt auch keine Kombination vor, und das «*h*» dient einfach dazu, als eine Art Sperrmauer die getrennte Aussprache der vor und hinter dem *«h»* stehenden Vokale abzusichern. Sie brauchen sich nur vorzustellen, wie z. B. *bahut* ohne *«h»*, also als **baut*, ausgesprochen würde. Bei den Wörtern, die nach dem *«h»* ein *«u»* haben, kann das *«h»* – wie bei *huit*, *huile* usw. – auch einfach zur Unterscheidung des Vokals *«u»* vom Konsonanten *«v»* eingeführt worden sein.

Mein bayerisches Fazit: Nix G'naus woaß ma ned. (Für Nicht-Bayern würde die Kabarettistin Monika Gruber[179] das wohl übersetzen: «Es ist zu befürchten, dass das bisherige Wissen der Gelehrten zur hieb- und stichfesten Lösung dieser Frage nicht ausreicht.»)

Gegenstandslose Sätze

Wenn ein Satz als gegenstandslos gilt, heißt das noch lange nicht, dass er uns nichts zu sagen hat. Und wer das nicht glaubt, dem ist nicht zu helfen. Denn «dem ist nicht zu helfen» ist ein gegenstandsloser Hauptsatz, also einer ohne Satzgegenstand (Subjekt).

In den meisten romanischen Sprachen gibt es jede Menge formal gegenstandsloser Sätze. Das hat einen einfachen Grund: Die

178 Dass diese Fixierung auf einen germanischen Ursprung in die Irre führen kann, haben wir allerdings weiter oben bereits gesehen.

179 Etwa in ihrer Kabarettnummer «Altbairisch für Anfänger».

Verbformen tragen meist eine ausreichende Personenunterscheidung in sich, so dass ein Personalpronomen als Satzgegenstand entbehrlich ist. Man denke nur an die Gegenwartsformen eines beliebigen italienischen Verbs, zum Beispiel *cantare* (singen): *canto, canti, canta, cantiamo, cantate, cantano*. Da wird kein Satzgegenstand genannt, und doch weiß jeder, wer da singt.

Nicht so im Französischen, der angeblich unromanischsten aller romanischen Sprachen! Dort muss normalerweise, wenn kein Substantiv als Satzgegenstand vorhanden ist, wenigstens ein Personalpronomen mit dieser Rolle genannt werden, da die bloßen Verbformen in der gesprochenen Sprache oft keine Personenunterscheidung zulassen. Man nehme das Beispiel des Verbs *chanter* (singen): Man schreibt heute zwingendermaßen *je chante, tu chantes, il / elle / on chante, nous chantons, vous chantez, ils chantent*, spricht aber in der Umgangssprache, als ob da stände: *je chante, tu *chante, il / elle chante, on chante, vous chantez, ils *chante.*[180] Man beachte auch den familiären Ersatz der *nous*-Form durch die *on*-Form und den dadurch verstärkten Einheitsklang */chante/*, aus dem nur noch die 2. Person Plural heraussticht![181] Ohne das Personalpronomen wäre quasi keine Personenunterscheidung mehr möglich!

Der bereits gegen Ende des Mittelalters aus gutem Grund ausgebrochene Kampf um die *clarté de la langue française* brachte es sogar mit sich, dass für unpersönliche Ausdrücke ein fiktiver Handlungsträger *il* (es) eingeführt wurde, obwohl es im Französischen offiziell gar kein Neutrum gibt. Beispiel: Für «es regnet» sagt man auf Italienisch einfach *piove*, auf Französisch aber *il pleut*. Man könnte listig fragen, wer dieser Regenmacher ist, der da mit *il* angesprochen wird. Etwa Petrus? Warum ein Mann?

180 Schreiben Sie die mit Sternchen markierten Formen nie in Schularbeiten, Seminararbeiten und Bewerbungsschreiben! Zu unseren Lebzeiten wird das nicht akzeptiert werden!

181 Wir werden darauf im Kapitel «Avantgarde – die sprachliche Vorhut» wieder zurückkommen müssen.

Aber Sprachen sind hartnäckig. So auch das Französische. Gegen den allgemeinen Trend der französischen Satzlehre haben sich Reste alten Sprachguts in Form gegenstandsloser Sätze erhalten, die der Sprachschüler heute als «Ausnahmen» lernen muss. Und die Alltagssprache tut das Ihre dazu mit ihrem Hang zu Ellipsen (Auslassungen). Die folgenden Listen bringen einige bekannte Beispiele.

Wirklich gegenstandslose Sätze

Wirklich gegenstandslose Sätze sind bei Ausrufen, Aufforderungen und Befehlen auch im Französischen normal. Wie die folgende Liste zeigt[182], bedürfen jedoch alle anderen Satzarten einer Erklärung, denn sie entsprechen nicht dem vorherrschenden Schema der modernen französischen Sprache.

Französisch	Deutsch	Anmerkungen
[Ausrufe] Beispiele: *Aïe! Ouais!*	Au! Ja!	Ausrufe sind oft satzgegenstandslose Ellipsen[183]. Das ist vom Latein bis zum modernen Französisch so.
[Aufforderungen und Befehle[184]] Beispiele: *Taisez-vous! Circulez!*	Schweigen Sie! Weitergehen!	Aufforderungen in der 1. und 2. Person sind – außer bei besonderer Betonung der Person – satzgegenstandslos. Das ist vom Latein bis zum modernen Französisch so.
Bien fait / joué / trouvé!	Gut so! / Toll gemacht! / Tolle Idee!	Ellipse für: *C'est bien fait / joué / trouvé!*
Bien sûr!	Aber gewiss!	Ellipse für: *C'est bien sûr!*
Dommage!	Schade!	Ellipse für: *C'est dommage!*
En veux-tu, en voilà	In Hülle und Fülle	Versteckter Imperativ, kommt von *vois là* (sieh da).

182 Ohne Anspruch auf Vollständigkeit.

183 Ellipse = Auslassung.

184 Ich vermeide hier den Begriff «Imperativ», weil er nach vielen Grammatiken auf die 2. Person beschränkt ist.

Et voilà!	Und das ist das Ergebnis! / Und das haben wir jetzt davon! / Und da haben wir den Salat!	Versteckter Imperativ, kommt von *vois là* (sieh da).
Grand bien lui / leur fasse!	Na und! / Was soll's! / Sei's drum! / Soll er/ sie doch damit glücklich werden! / Na bitte, wenn sie's unbedingt wollen!	Feststehende alte Wendung
Impossible de ...	Unmöglich, ... zu ...	Flapsige Ellipse für: *Il est impossible de ....*
Merci!	Danke!	Übliche Ellipse für: *Je vous dis merci!*
Mon œil!	Schön wär's! / Wer's glaubt, wird selig! / Ich lasse mir doch keinen Bären aufbinden!	Geläufige Ellipse für: *Regarde / Regardez mon œil!* (Schau[t] mein Auge an!)
N'empêche que ...	dessenungeachtet ...	Geläufige Ellipse für: *Il / cela n'empêche que ....* Hier liegt ein wirklich gegenstandsloser Satz vor, denn der Nebensatz *que* ... ist ein Objektsatz.
N'importe.	Das ist einerlei. / Das ist egal.	Geläufige Ellipse für: *Cela n'importe (pas)*. (Das ist unwichtig.)
N'importe que ...	Es ist unwichtig, dass ... / Dessen ungeachtet, dass ...	Geläufige Ellipse für: *Il n'importe (pas) que* ... (Es hat keine Bedeutung, dass ...)
n'importe qui / (le) quel / (la)quelle / (les)quels / (les) quelles ...	wer auch immer / jede(r) beliebige / x-beliebige ...	Geläufige Ellipse für: *Il n'importe (pas) que ....*
Ne vous en déplaise!	Ob Ihnen das gefällt oder nicht.	Alte Wunschform (Konjunktiv, Optativ); feststehende alte Wendung
Passe (encore) ...!	(Gerade noch) hinnehmbar / akzeptabel ist ...	Feststehende alte Wendung
Quel dommage!	Wie schade!	Elliptischer Ausruf
Quelle honte!	Was für eine Schande!	Elliptischer Ausruf

Reste à voir / élucider / espérer ...	Bleibt (noch) zu prüfen / herauszubekommen / zu hoffen ...	Auch: *Reste à voir / élucider si ...*
Soit!	Sei's drum! / Bleiben wir dabei!	Alte Wunschform (Konjunktiv, Optativ)
Soit dit en passant / entre nous / entre amis ...	Beiläufig / unter uns / unter Freunden gesagt, ...	Alte Wunschform (Konjunktiv, Optativ)
voici / voilà ...	hier / da ist ...	Versteckter Imperativ, kommt von *vois ici* bzw. *vois là* (sieh hier / sieh da).

Nur scheinbar gegenstandslose Sätze

Da es im modernen Französisch üblich ist, in Sätzen mit einem «unpersönlichen Ausdruck» oder einem ganzen Nebensatz als Satzgegenstand (Subjekt) das «unpersönliche Subjekt» *il* (es) einzuschieben, scheinen die Sätze der folgenden Liste für heutige Ohren und Augen gegenstandslos zu sein, obwohl sie es nicht sind.

Französisch	Deutsch	Anmerkungen
Advienne que pourra.	Komme, was da wolle / was auch immer geschieht.	Nur scheinbar satzgegenstandslose Wendung, da der ganze Nebensatz *que pourra* das Subjekt des Hauptsatzes *advienne* ist.
Honni soit qui mal y pense.	Ein Schelm, wer Böses dabei denkt.	Feststehende alte Wendung mit dem ganzen Nebensatz *qui mal y pense* als Satzgegenstand. Nach heutiger Satzlehre müsste man sagen: *Que celui qui mal y pense soit honni*, wobei *celui* (+ Relativsatz) die Rolle des Satzgegenstands übernähme.
Peu importe que ...	Es spielt kaum eine Rolle, dass ...	Nur scheinbar satzgegenstandslose Wendung, da der ganze Nebensatz *que ...* das Subjekt des Hauptsatzes *peu importe* ist.

Intermezzo: No risk no fun?

Manchmal ist das Französische einfacher als das Deutsche. Wir Deutsche müssen halt alles, wirklich alles, logisch, technisch oder sonstwie erklären. So kommen wir zu Ausdrücken wie Hubschrauber, Schraubendreher und Donaudampfschifffahrtsgesellschaftskapitän. Beim Vorkoster ist das genauso.

Was würde so ein Beruf nutzen, wenn die Verkostung erst stattfände, wenn das Unglück schon passiert ist? Deswegen heißt er im Französischen auch einfach *goûteur*. Wenn eine Frau diese Stellung innehat, sollte man sie allerdings nicht *goûteuse* nennen. Das wäre nicht nur gegen das Berufsethos[185], sondern dieser Vergleich mit einem guten Bier *(une bière goûteuse)* könnte so manchen Macho auf dumme Gedanken bringen.

185 Amtlicherseits wurde in Frankreich bestimmt, dass es bei Berufen keine weibliche Form geben solle, weil ja *la boulangère* keine Bäckerin sei, sondern *la femme du boulanger*. Nicht alle Franzosen halten sich bei allen Berufen daran, aber alle sagen *la ministre* und schreiben *Madame le ministre*. So ist das Leben …

Einen bleibenden Eindruck von der historischen Rolle des Vorkosters hinterließ bei mir der Film *Cleopatra*[186] mit Elizabeth Taylor und Richard Burton in den Hauptrollen. Dort gibt es die folgende Szene:

Eine Sklavin bringt Kleopatra ein Getränk. Kleopatra sagt ihr, sie solle vorkosten. Die Sklavin fängt an zu wimmern, dass das Getränk vergiftet sei, dass sie das aber nicht gewollt habe, und Kleopatra möge ihr verzeihen. Darauf Kleopatra: «Ich verzeihe dir. Und nun trink!»

Den *goûteur* oder Vorkoster gibt es auch heute noch, und zwar als Beruf. Er soll für Lebensmittelqualität sorgen. Von wegen Aussehen, Geschmack und so weiter. Der Schutz vor Vergiftungen wird allerdings nicht mehr durch Menschenopfer sichergestellt ...

Nun erheben wir uns aus dem Staub der Banalität und gehen ein ins Reich des Weines. Dort ist alles anders, gepflegter, feierlicher. Das Vor- und Verkosten von Wein – ob amtlich, geschäftlich oder privat – wird in einer *dégustation* zelebriert, und die Vor- oder Verkoster heißen *dégustateurs*. Auch manche *dégustatrice* wurde schon gesehen.

Wir können uns aber noch steigern. Denn es gibt ja den Wein der Weine, den *vin de Bourgogne* oder einfacher *bourgogne* (Burgunder). Dessen Rechte und Qualitäten werden in unserer schnöden Welt glorreich vertreten von der *Confrérie des chevaliers du tastevin*, in die man nur nach *adoubement* (Ritterschlag) eintreten kann. Wie auch sonst?

Der *tastevin* ist übrigens keiner der *chevaliers*, sondern das Metallgefäß, aus dem man – *pardon*: ein Ritter – den Wein trinkt, um seine Qualität zu prüfen. Und zu genießen. Natürlich. Auch Ritter sind Menschen.[187]

---

186 Von Carlo Maria Franzero, 1963, Originaltitel: *The Life and Times of Cleopatra*.

187 Falls Sie glauben, von der Existenz des Wortes *chevalière* auf ein Eindringen der Damen in die männliche Domäne des Weines schließen zu können, liegen Sie falsch. Eine *chevalière* ist nämlich ein Siegelring, also auch wieder etwas, was hauptsächlich Männer tragen.

Geschlechtliches

Viele, aber längst nicht alle Sprachen unterscheiden zwischen zwei, drei oder noch mehr Geschlechtern *(genres grammaticaux)*. Das muss aber nicht immer so sein. Ungarisch geht ganz ohne.

Geschlechter – wozu das denn?

Was bei Menschen, vielen Tieren und einigen Pflanzen selbstverständlich zu sein scheint, ist die Einteilung in Männlein (Maskulinum) und Weiblein (Femininum). Weiterhin ist dem gesunden Menschenverstand einleuchtend, dass es auch Dinge geben kann, die weder das eine noch das andere – Ne-utrum –, also sächlich (Neutrum) sind. Aber warum wird die ganze Welt in eine solche Einteilung gepresst, obwohl diese oft sinnlos erscheint? Warum ist ein Baum männlich, eine Türe weiblich und ein Mädchen sächlich?

Wenn Ihnen das alles spanisch vorkommt, dann haben Sie recht! Denn die Einteilung in Geschlechter hat meist nicht nur nichts mit dem natürlichen Geschlecht der Menschen, Tiere, Pflanzen und Dinge zu tun, sondern sie ist eine rundweg sprachinterne Angelegenheit, die jede Sprache auf ihre eigene Weise regelt. Man nennt das ein grammatisches Geschlecht. Was also im Französischen männlich ist, kann im Italienischen weiblich, im Spanischen wieder männlich, im Deutschen aber sächlich sein. Es gibt auch Sprachen, die ganz andere Unterscheidungen treffen als das Französische oder Deutsche. So unterscheidet das Schwedische bei Substantiven und Adjektiven nur zwischen «beide» (utrum) und «sächlich» (neutrum), aber bei Pronomina zwischen bis zu vier Geschlechtern. So sehen es jedenfalls manche Autoren. Das Polnische kennt bei manchen Wortformen nur männlich und sächlich, wobei die Frauen zu den sächlichen Dingen zählen. (Wenn das Alice Schwarzer erfährt!) Das Ungarische kennt überhaupt kein Geschlecht, jedenfalls in der Grammatik. Ich traue den Ungarn aber zu, dass sie trotzdem den Unterschied zwischen Mann und Frau kennen. Sonst wären sie schon ausgestorben. Doch ist im Ungarischen tatsächlich – rein grammatikalisch gesehen – eine Frau *(nő)* genauso geschlechtslos wie ein Mann *(férfi)* oder eine Tür *(ajtó)*, und für *er, sie* und *es* gibt es nur ein einziges Wort, nämlich *ő*.

Wozu also der ganze Aufwand in den anderen Sprachen?

Auf diese Frage wird immer wieder gern geantwortet, dass die Geschlechtsunterscheidung wunderbare Möglichkeiten bietet, Querbeziehungen innerhalb eines Textes auszudrücken. Wenn in einem Text ein Mann und eine Giraffe vorkommen, kann ein Rückbezug auf «sie» eben nur die Giraffe meinen. Das ist natürlich wahr, erschlägt aber nur einen Teil der Probleme. Denken Sie einfach an einen Text, in dem kurz hintereinander eine Frau, eine Eisenbahn, eine Tür und eine Tasse vorkommen! Nur Hopi-Sprachen haben da wenigstens eine Teillösung, indem sie zwischen mehreren dritten Personen unterscheiden können![188]

Andererseits leben die Ungarn ganz gut mit ihrer völlig geschlechtslosen Sprache. Wie ist das möglich? Ganz einfach: Wer etwas nicht hat, arrangiert sich anderweitig, – aber nur, soweit überhaupt notwendig! Es gibt immer einen Ausweg, einen Text so zu gestalten, dass er richtig verstanden wird – auch mit weniger oder gar keinen grammatischen Geschlechtern.

---

188 Nach WHORF.

Die Ameise – eine Transvestitin

Bei manchen französischen Wörtern tun sich Abgründe auf, sobald man etwas genauer hinschaut. So auch bei der kleinen Ameise. Ein halbes Jahrhundert lang hatte ich das Wort *fourmi* arglos benutzt, ohne mir große Fragen zu stellen. Und dann der Schock: Zum ersten Mal zweifelte ich an der anzuwendenden Rechtschreibung. Denn ich kannte ja das lateinische *formica*, das gemeinhin als Ursprung von *fourmi* gilt. *Formica* und *fourmi* passen aber nicht zusammen! Nach der normalen französischen Lautentwicklung musste *fourmi* ein *«-e»* am Ende haben wie das von lateinisch *amica(m)* kommende *amie* (Freundin). Hat es aber nicht!

Ein Blick zu den romanischen Verwandten zeigt: Alle romanischen Sprachen haben bei der Ameise sowohl das weibliche Geschlecht als auch die weibliche lateinische Endung *«-a»* beibehalten, wenn auch in sprachspezifischer Gestalt. Das Französische dagegen hat zwar das Geschlecht, nicht aber die Form beibehalten! Nicht umsonst nennt man also das Französische oft die unromanischste romanische Sprache. Heute kommt *fourmi* im männlichen Gewand daher, ist aber weiblich – eine Art linguistische Transvestitin! Was ist passiert?

Etymologie – nur für Neugierige

Mein nächster Schritt nach dem Schreck war das Nachschlagen im dicken historischen Wörterbuch von ROBERT. In dem langen Artikel *fourmi* erfuhr ich sofort, dass die Ameise im Altfranzösischen bereits in der ersten Hälfte des 12. Jahrhunderts bekannt war – aber als *formiz*! Dazu passt meines Erachtens (ich überspringe hier einige Überlegungen des sehr komplexen Artikels), dass in vielen altfranzösischen Dialekten die Ameise von einer männlichen lateinischen Form **formicu(m)* oder **formice(m)* ausgehend zu den ebenfalls männlichen Formen *formi* oder *fourmi* wurde, die bis ins 17. Jahrhundert männlich weiterlebten.[189] Die im 13. Jahrhundert gebrauchte, vom weiblichen *formica(m)* abgeleitete weibliche Form *formie* dagegen hat sich nicht durchgesetzt. Dafür aber das angeblich so schwache weibliche Geschlecht. Wie in der modernen Herrenmode für Damen. Sollen die Ameisen doch rumlaufen, wie sie wollen!

Andere Transvestitinnen

Die französische Ameise steht mit ihrem Geschlechtsproblem nicht alleine da. Denken Sie nur an ***eau*** (Wasser), ***chaux*** (Kalk), ***cour*** (Hof), ***guenon*** (Äffin), ***main*** (Hand), ***Manon*** / ***Marion*** (Mariechen), ***peau*** (Haut), ***putain*** (Hure), ***tour*** (Turm) oder ***toux*** (Husten). Alles weibliche Wörter mit männlichem Aussehen!

Warum nur Transvestitinnen und keine Transvestiten?

Ganz einfach: Französische Transvestitinnen in unserem Sinn[190] sind leicht daran zu erkennen, dass sie weiblichen Geschlechts sind, aber eine männliche Endung haben, was dem Fehlen eines «stummen *-e*» am Ende entspricht. Dagegen ist das Vorhandensein eines «stummen *-e*» am Ende eines männlichen Wortes kein Beweis für einen Transvestiten, weil diese Endung im Französischen geschlechtsneutral ist.[191]

189 Die Sternchen zeigen an, dass diese lateinischen Formen nirgends belegt sind, sondern nur durch Rückschluss von den altfranzösischen Formen her angenommen werden müssen. Nach dem Motto: *Pas de fumée sans feu!*

190 Es gibt in der Sprachwissenschaft ja keinen offiziell definierten Begriff «Transvestit». Wir verwenden ihn hier nur als eine nützliche Metapher.

191 Zum Beispiel enden im Französischen fast alle – auch männliche – Wörter nach einer Konsonantenhäufung auf ein «stummes *-e*»: *comble*, *érable*, *nèfle*, *poivre*, *souffle*, *soufre*, *théâtre*, *trèfle*, etc.

Die Rage der ganzen Bagage

Wer die Rage der ganzen Bagage von Nachbarn auf sich zieht, hat drei Probleme: eines mit den Nachbarn, ein anderes mit seiner rüpelhaften Ausdrucksweise und ein weiteres mit der französischen Sprache. Denn zwar ist die *rage* (Wut) auch im Französischen weiblich, aber *bagage* ist erstens männlich und bedeutet zweitens etwas ganz anderes, nämlich «Gepäck». Wenn Sie aber Ihre Nachbarn – höchst unfein – als «Pack» bezeichnen sollten, haben Sie die Sinnverbindung zum echten französischen *bagage* hergestellt.

Das Wortbildungssuffix *«-age»* ist im modernen Französisch sehr häufig, aber auch tückisch. Denn Wörter, die – wirklich oder scheinbar – auf dieses enden, können mal männlich, mal weiblich sein. Wenn Ihnen das spanisch vorkommt, werfen Sie einen Blick auf die folgenden Unterscheidungen.

Dabei wird Ihnen sofort auffallen, dass die Liste der weiblichen Wörter viel kürzer ist als die der männlichen. Und in der Tat ist erstere eine quasi geschlossene Liste, während die letztere – zumindest theoretisch – ständig durch neue deverbale[192] Ableitungen erweitert werden kann. Zwischen beiden Listen stehen nur wenige Wörter mit natürlichem Geschlecht.

Weibliche Substantive auf *«-age»*

Hiervon gibt es nur eine kleine Anzahl; die geläufigsten sind *cage* (Käfig), *nage* (Schwimmen), *page* (Seite)[193], *plage* (Strand) und *rage* (Wut, Tollwut). All diese Wörter fallen durch ihre Kürze auf. Und dafür gibt es einen triftigen Grund, denn bei allen weiblichen Substantiven ist *«-age»* kein Wortbildungssuffix,

192 Deverbal: von einem Verb ausgehend.

193 Dass es auch einen männlichen *page* (Page) gibt, kommt von dessen natürlichem Geschlecht.

sondern ein nur zufällig mit diesem Suffix gleichlautendes Ende des Wortstamms.

Das gilt auch für die von dem Verb *nager* (schwimmen) abgeleitete Form *nage*. Andere Beispiele für diese Art der deverbalen Substantivbildung sind *couche* (Schicht, Bettstatt) von *coucher* (hinlegen), *gare* (Bahnhof) von *garer* (verstauen, parken), *garde* (Aufsicht) von *garder* (bewachen, aufbewahren), *purge* (Säuberung) von *purger* (säubern, durchputzen), *rage* (Wut, Tollwut) von *rager* (toben, wütend sein), *touche* (Taste) von *toucher* (berühren). Auch die sind alle weiblich!

Substantive auf *«-age»* mit natürlichem Geschlecht

Das natürliche Geschlecht ist in der Regel stärker als das grammatische. Das gilt auch für die wenigen Wörter auf *«-age»* mit natürlichem Geschlecht. Daher sind der historische *mage*[194] (Magier) und der *page* (Page) männlich, während *sage* je nach der betreffenden Person männlich oder weiblich sein kann. Anscheinend traut man Männlein und Weiblein die gleiche Weisheit zu.

Bei allen diesen Wörtern mit natürlichem Geschlecht ist *«-age»* – wie bei den oben genannten weiblichen Wörtern – kein Wortbildungssuffix, sondern das Ergebnis der Lautentwicklung des Wortstamms.

Männliche Substantive auf *«-age»*

Die Maskulina auf *«-age»* bilden im Grunde zwei Abteilungen: diejenige der Kollektiva (Sammelbegriffe) und diejenige der deverbal gebildeten Substantive, welche die gleiche Handlung ausdrücken wie das Verb, von dem sie abgeleitet wurden. Beide werden mit dem von lateinisch *«-aticu(m)»* kommenden Aller-

194 Die ungewöhnliche Wortform *mage* erklärt sich nach Robert daraus, dass *mage* im 13. Jahrhundert aus dem Italienischen übernommen wurde – und dann noch einmal, im 15. Jahrhundert, direkt aus dem Lateinischen. Dadurch konnten die Gesetze der französischen Lautentwicklung nicht voll greifen. Der Fall *page* liegt ganz ähnlich, was das Italienische betrifft.

welts-Wortbildungssuffix *«-age»* gebildet. Sie finden eine lange Liste solcher Wörter im Anhang 6: «Männliche Substantive auf *«-age»*. Sie erhebt keinen Anspruch auf Vollständigkeit und kann jederzeit erweitert werden, weil neue deverbale Substantivbildungen jederzeit möglich sind, auch von etwa neu geschaffenen Verben im Bereich der Technik, Informatik oder Raumfahrt.

Unnötig Weibliches

Kann Weibliches überhaupt unnötig sein? Im Französischen eindeutig ja!

Bei den französischen Adjektiven, deren männliche Form im Singular auf einen Konsonanten endet, hat sich unter dem Systemzwang (einer Art Drang nach Vereinheitlichung) über weite Bereiche eine einheitliche weibliche Form durchgesetzt, die auf ein sogenanntes «stummes *-e*» (Plural: *«-es»*) endet. Diese ist das blasse Abbild einer angenommenen, aber nicht immer vorhandenen lateinischen Endung *«-a(m)»* (Plural: *«-as»*) weiblichen Geschlechts.

Zu dieser Gruppe gehören die adjektivisch gebrauchten Präsens-Partizipien sowie die Adjektive mit präsenspartizip-ähnlicher Endung. Sie hat es am schlimmsten erwischt, denn aufgrund des Systemzwangs bilden sie heutzutage ausnahmslos weibliche Formen auf *«-e»* (Singular) und *«-es»* (Plural), obwohl dies aufgrund ihrer Herkunft her nicht zu erwarten war. Im Latein kannten diese Wörter nämlich keinen formalen Unterschied zwischen männlich und weiblich. Beispiele, die Schule machten[195]:

Lateinisch *correspondente(m)* (m./f.) wurde zunächst zu *correspondant* (m./f.), bis die Franzosen die weibliche Form *cor-*

195 Da im Plural immer nur ein *«-s»* angehängt wird, brauchen wir hier lediglich die Singularformen betrachten.

respondante einführten und *correspondant* nur noch männlich gebrauchten.

Lateinisch *frequente(m)* (m./f.) wurde zunächst zu *fréquent* (m./f.), bis die Franzosen die weibliche Form *fréquente* einführten und *fréquent* nur noch männlich gebrauchten.

Im Kapitel «Adverbien auf *‹-amment›* oder *‹-emment›*» haben wir bereits die Auswirkungen dieser Geschlechterfrage auf die Adverbienbildung gesehen.

Sogar das sehr häufig gebrauchte Adjektiv *grand*, das im Latein ebenfalls keinen Unterschied zwischen männlich und weiblich kannte, wurde diesem System unterworfen. Lateinisch *grande(m)* (m./f.) wurde zunächst zu *grand* (m./f.), bis die Franzosen die weibliche Form *grande* einführten und *grand* nur noch männlich gebrauchten. Nur in einigen feststehenden Ausdrücken ist die ursprüngliche männlich/weibliche Form von *grand* ohne *«-e»* erhalten geblieben. Beispiele: *pas grand-chose (nicht viel), grand-mère (Großmutter), grand-rue* (Hauptstraße)[196].

Diese völlig regelkonform entstandenen Formen müssen heute als große Ausnahmen gelernt werden, während die sprachgeschichtlich nicht gerechtfertigten, nachträglich eingeführten Femininformen als der Regelfall gelten! Arme Schüler!

Ebenfalls dem Systemzwang zur Bildung sprachhistorisch unmotivierter weiblicher Formen erlegen sind viele Adjektive nach folgendem Muster:
Lateinisch *maiore(m)* (m./f.) wurde zu französisch *majeur* (m./f.), bis die Franzosen die weibliche Form *majeure* einführten und *majeur* nur noch männlich gebrauchten.

Zu dieser Gruppe gehören auch *antérieur, citérieur, extérieur, intérieur, meilleur, mineur, postérieur, supérieur, ultérieur*.

196 Ich habe in Frankreich allerdings auch Straßenschilder mit *Grande rue* gesehen (ohne Bindestrich!).

ACHTUNG: Das Wort *plusieurs* widersteht (bisher noch) diesem Systemzwang oder sprachlichen Konformismus: *On parle de plusieurs hommes aussi bien que de plusieurs femmes.*

Auf anderem Weg zu einem konformistischen Ergebnis kommen viele Wörter auf *«-eur»*, die eine Tätigkeit ausdrücken und weibliche Formen auf *«-euse(s)»* bilden. Beispiele: *blagueur(s)* m. / *blagueuse(s)* f., *chanteur(s)* m. / *chanteuse(s)*[197] f., *vendeur(s)* m. / *vendeuse(s)* f.

Es handelt sich hier um eine Zwittergruppe, deren Mitglieder oft in gleicher Bedeutung als Substantiv und als Adjektiv verwendet werden können.

In dieser Gruppe gibt es Wörter, die sich, was das weibliche Geschlecht angeht, dem gruppeninternen Systemzwang widersetzen – aber nur, weil hier das Lateinische weibliche Formen anbietet. Dazu gehören die Wörter auf *-deur* und *-teur*, die weibliche Formen auf *-trice* bilden. Beispiele: *amateur(s)* m. / *amatrice(s)* f., *ambassadeur(s)* m. / *ambassadrice(s)* f., *animateur(s)* m. / *animatrice(s)* f., *empereur(s)* m. / *impératrice(s)* f.

Es handelt sich auch hier um eine Gruppe von Berufs- oder Standesbezeichnungen.

Doch keine Ausnahme ohne Ausnahme und keine Sprache ohne Weiterentwicklung: Viele Franzosen schreiben inzwischen *auteure* (Autorin) – von *auteur* (Autor) – und Ähnliches. Das kann Schule machen, obwohl amtlicherseits der Gebrauch weiblicher Berufs- und Amtsbezeichnungen unerwünscht ist. Es bleibt also spannend.

---

197 Dass die Opernsängerin nicht *chanteuse*, sondern *cantatrice* heißt, ist natürlich den Italienern zu verdanken.

Intermezzo: Wie unterscheidet man ein Kamel von einem Dromedar?

Comment peut-on distinguer un chameau d'un dromadaire? Wenn Ihnen ein Franzose diese Frage stellt, können Sie mit folgender Antwort punkten: *Le chameau est plus chameau qu'un dromadaire parce qu'il a deux bosses au lieu d'une.*

Das ist zwar eine praktische Eselsbrücke, aber nicht im zoologischen Sinne wörtlich zu nehmen, denn das Dromedar (*dromadaire* oder *chameau d'Arabie*) gehört genau wie das Trampeltier *(chameau de Bactriane)* zu der Familie der Kamele (lateinisch *Camelidae*). In der französischen wie in der deutschen Umgangssprache hat aber das Trampeltier den Namen der Familie aller Kamele für sich in Beschlag genommen. *Le chameau!* (Das gemeine Stück!) Man könnte also sagen: *Le chameau de Bactriane est plus chameau* (gemein, böse) *qu'un dromadaire parce qu'il s'est accaparé du nom de la famille de tous les chameaux.*

Wie gerade angedeutet, wird das Kamel *(chameau)* in der französischen Umgangssprache gern für den Ausdruck eines meist nicht allzu ernsten Tadels verwendet. Mit *Le chameau!* tituliert man einen männlichen Schlingel, mit *La chameau!*[198] dagegen ein weibliches Biest. Dabei mag man den Getadelten oder die Getadelte eigentlich, wenn man auch seine bzw. ihre Handlungsweise nicht gut finden kann. Oft sind die so Getadelten Kinder oder Freunde. *Le chameau, il a mangé ma part de gâteau pendant que je m'affairais dans la cuisine. La chameau, elle m'a piqué cinq euros dans le porte-monnaie.*

Was die Kamele selbst von dieser ehrenrührigen Verwendung ihres Familiennamens halten, ist mir leider nicht bekannt.[199]

---

198 So sagt man wirklich; das ist kein Druckfehler! Aber das weibliche Kamel im zoologischen Sinn ist *la chamelle*.

199 Wen wir im Deutschen ein Kamel nennen, ist einfach dumm. Dafür sagt man im Französischen *il est bête*, womit man natürlich nicht nur das Kamel, sondern alle Tiere beleidigt. *Pauvres bêtes!*

Schöne Aussichten

Wir kommen nun zu einem heiklen Kapitel der Sprachbetrachtung, den Zukunftsprognosen. Es lohnt sich aber, einen Blick auf die jetzt schon brodelnde Ursuppe der Zukunft zu werfen, denn gegenwärtige Phänomene der französischen Sprache zeigen bereits, wohin die Reise wohl gehen wird. Aber hier heißt es wie beim Alkohol: *A consommer avec modération!* Ich würde hinzufügen: ... *et avec vigilance!* Es ist gut, wenn Sie verstehen, was da ansteht oder schon vor sich geht, aber als Nicht-Franzose sollten Sie nicht den Avantgardisten der französischen Sprachentwicklung geben wollen. Das könnte schlechte Auswirkungen auf Zeugnisnoten, Diplome, Bewerbungen und sogar Freundschaften haben.

Avantgarde – die sprachliche Vorhut

Unter «Avantgarde» kann man gewissermaßen die sprachgeschichtliche Vorhut verstehen, die durch Regelverstöße Neuland betritt, den Urwald rodet und die Felder urbar macht, bevor die Hauptstreitmacht, die regelgebundenen Massen, anrückt. Was zunächst wie ein Fehler, ein einfacher Regelverstoß, aussieht, kann so allmählich zur neuen Regel gedeihen. Das Problem für den Sprachlernenden oder -nutzenden ist nur, dass er die historische Situation richtig einschätzen muss, in der er sich befindet. Was heute richtig ist, kann morgen falsch sein. Und umgekehrt. Und was auf der Straße schon gut klingt, kann in der Schule immer noch zur Gefährdung des Klassenübertritts führen ... Als Schüler, Student oder Arbeitssuchender sollte man immer das warnende Beispiel des Sohnes von *Mutter Courage* vor Augen haben. Dieser war Soldat, wurde also dafür bezahlt, feindliche Soldaten zu töten. Aber als er wirklich einmal einen tötete, führte das zu seinem eigenen Todesurteil, weil gerade mal wieder kurzzeitig Frieden herrschte. Nachzulesen bei Bertholt Brecht. Fazit: Nicht nur die Regeln, sondern die aktuellen Regeln beachten!

Ein frappantes Beispiel für diese Vorgänge sind die französischen Verbformen. Schon in den sechziger Jahren des letzten Jahrhunderts wies Kurt Baldinger an der Universität Heidelberg darauf hin, dass das französische Verbalsystem sich auf dem Weg von einem endungsbestimmten zu einem pronomenbestimmten befinde. Das hat folgenden Hintergrund.

Wie bereits im Kapitel «Gegenstandslose Sätze» gesehen, bot das lateinische Präsens noch eine eindeutige Differenzierung der grammatikalischen Personen mit Hilfe von Endungen. Aber das gilt auch für alle anderen Zeiten. Nehmen wir meinetwegen das Imperfekt: *cantabam / cantabas / cantabat / cantabamus / cantabatis / cantabant*. Heute verlangt die französische Schriftsprache, wenn kein Substantiv die Rolle des Subjekts einnimmt, das Davorstellen der Personalpronomina, obwohl nur zwei Verbformen gleich geschrieben werden, nämlich die im folgenden Beispiel unterstrichenen: *je chantais / tu chantais / il chantait / nous chantions / vous chantiez / ils chantaient.* Dies geschieht nicht von ungefähr, denn vier von sechs Verbformen werden völlig gleich ausgesprochen, nämlich die im folgenden Beispiel unterstrichenen: *je chantais / tu chantais / il chantait / nous chantions / vous chantiez / ils chantaient.*

Hört man auf den Volksmund, ist die Lage noch dramatischer, denn die *Nous*-Form wird heute schon weitgehend ersetzt durch die *On*-Form. Daraus ergeben sich fünf gleich ausgesprochene Formen von sechs geschriebenen, nämlich die im folgenden Beispiel unterstrichenen: *je chantais / tu chantais / il chantait / on chantait / vous chantiez / ils chantaient.*

Man sieht an diesem Beispiel, dass in der Aussprache der heutigen französischen Umgangssprache nur noch die 2. Person Plural eine extra Form hat. Alle anderen Personen werden nur noch durch das vorangestellte Personalpronomen unterschieden. Da ist die Avantgarde am Werk!

Eine andere Baustelle der französischen Avantgarde ist die *liaison*. Die Lage ist gekennzeichnet durch eine zunehmende Verunsicherung. Einerseits gibt es historisch fragwürdige, aber von der Grammatik vorgeschriebene *liaisons* wie *penses-y*, *goûtes-en*[200] und *a-t-il*[201] sowie die zunehmende Popularität halb scherzhafter *liaisons mal-t'à propos* wie *moi-z-aussi*, *vingt-z-élèves* und das unvermeidbare *entre quat'z'yeux*[202]. Andererseits ist die *liaison* umgangssprachlich eher am Schwinden, und irgendwann wird sie vielleicht nur noch in kläglichen Resten übrig sein.[203] Heute schreibt man immer noch *ils chantaient une chanson*, aber man sagt meist */i(l) chantai' une chanson/*. Man schreibt *c'est une bêtise*, aber man sagt meist */c'è une bêtise/*. Und dem schriftlichen *ils ont une chance inouïe* steht meist das mündliche */i(l)s on une chance inouïe/* gegenüber. In der Gegend von Paris, der ewigen Vorreiterin, greift dieser Trend schon weiter um sich. Hören Sie mal genau hin, wenn Sie mit jungen Leute von der Ile-de-France reden! Aber Vorsicht: Das ist erstens nur ein Problem der gesprochenen Sprache und zweitens für heutige Schüler eine Zukunftsmusik, die wohl erst ihre Nachfahren irgendwann straffrei in der Schule werden spielen dürfen!

---

200 Diese Formen wurden extra für die Kombination des Imperativs der Verben auf *«-er»* mit *y* oder *en* erfunden, obwohl der Imperativ dieser Verben vom Latein bis ins Neufranzösische nie auf ein *«-s»* geendet hat!

201 Zu der Zeit, da diese Form des lateinischen Verbs *habere*, des zukünftigen *avoir*, noch auf *«-t»* endete, gab es weder die französische Sprache noch deren Kampf gegen den Hiatus (den Zusammenstoß verschiedenfarbiger Vokale)!

202 Wer – theoretisch korrekt – *entre quatre yeux* sagt, hat höchstens einen Heiterkeitserfolg!

203 Reste gibt es immer! Daraus entstehen die zukünftigen Saurier! Aber wann ist irgendwann?

Es gibt auch die neue, ebenfalls noch schulinkompatible Tendenz, statt des Adverbs das Adjektiv mit Verben zu verbinden, bei denen es bisher nicht üblich war. Beispiele: *travailler énorme* statt *travailler énormément, aimer grave* statt *aimer à la folie* (oder so). Man kann auch hören: *Est-ce que ça fait mal? Oui, énorme!* Wir haben dieses Problem bereits im Kapitel «Adjektiv als Adverb» angerissen.

Eine geht noch! sagt der Bayer nach der dritten Maß Bier. Und so geht hier auch noch eine letzte Avantgarde-Geschichte. Sie erzählt vom traurigen Schicksal der kleinen Endung *«-re»* nach Konsonant. Die steht nämlich auf der roten Liste der vom Aussterben bedrohten französischen Endungen.

Natürlich gilt für die bessere Gesellschaft immer noch *qu'elle va au théâtre et qu'elle veut que tout soit propre et qu'elle pense au titre d'un film.* Aber schauen Sie dem Volk mal aufs Maul, wie es schon Luther getan hat (allerdings nicht fürs Französische)! Da hört man andere Töne: *On va au théât'. On veut que tout soit prop'. On pense au tit' d'un film. Certains voient même des spect'. On se moque du canc' de la classe. On loue une chamb' d'hôtel. On lit plusieurs chapit' d'un livre. On achète de l'enc' bleue et jette l'anc' pas loin de la côte.*

Es ist noch zu früh, das Bestattungsunternehmen für die bestehenden Schriftformen zu bestellen, und in manches Puristen Ohr klingt das Ganze immer noch barbarisch ungepflegt, aber der Siegeszug der neuen Redeweise ist schon heftig im Gange.

Und die Schrift folgt der Rede gewöhnlich mit einem kleinen Abstand – von einigen Jahrhunderten ...

Abkürzungen – kurze und lange

Die Franzosen sind ein Volk von Abkürzungsmeistern. Ein VGA (Verein gegen Abkürzungen) hätte in Frankreich null Chancen! Alle derzeit in Gebrauch befindlichen Abkürzungen aufzuzählen würde daher bei weitem den Rahmen dieses Buches sprengen. Die entstehende Liste könnte nur mit großem Aufwand aktuell gehalten werden und würde unzählige Neuauflagen des Buches erfordern, weil ständig neue Abkürzungen nicht nur gebildet, sondern auch eifrig benutzt werden, und zwar im Berufs- wie im Privatleben. Auf wichtigen Gebieten, um die kein Mensch herumkommt (wie Schule, Studium, Versicherungen, öffentliche und soziale Dienste) kann man in Frankreich heute auf keinen grünen Zweig kommen, ohne eine ganze Masse von Abkürzungen zu kennen. Die Politiker und Bürokraten geben ihren Ressorts, Verwaltungen, Institutionen, Verordnungen, Gesetzen und Maßnahmen ja ständig neue und pompöse Namen, die mehr von Machtgelüsten, Eitelkeit und Überheblichkeit zeugen als praktische Auskunft geben. Wenn allerdings zum Beispiel die *Direction départementale de la concurrence, de la consommation et de la répression des fraudes* mit *DDCCRF* und das *Certificat d'aptitude aux actions pédagogiques spécialisées d'adaptation et d'intégration scolaire* mit *C.A.A.P.S.A.I.S.* «abgekürzt» werden, könnte leicht der Wunsch nach Abkürzungen für die Abkürzungen aufkommen ...

Selbst wenn – wie es der Fall ist – nicht alle französischen Abkürzungen hier aufgeführt werden können, stehen Sie nicht allein in der Welt, denn Sie finden eine ständig erweiterte und verbesserte Liste mit Tausenden von französischen Abkürzungen in meinem Web-Auftritt www.verbalissimo.com. Klicken Sie dort nacheinander auf *Deutsch > Themenkreise > Sprachen nach dem Turmbau zu Babel > Romanische Sprachen > Französisch > Französische Abkürzungen.* Zu jeder französischen

Abkürzung werden dort der französische Volltext, die deutsche Entsprechung und nützliche Zusatzinformationen (Fachgebiet, Umfeld, Quelle, Portal, Besonderheiten) genannt.

Im Folgenden sollen nur einige Spezialgebiete der französischen Abkürzungen angerissen werden, nämlich die wortverkürzenden, die verkleideten und die scherzhaften Abkürzungen.

Wortverkürzungen

Wer in Frankreich heute jung und «in» sein will, spricht mit verkürzten Wörtern, vor allem in den großen Städten. Immer mehr längere Wörter und ganze Ausdrücke werden auf eine bis zwei Silben reduziert. Statt *adolescent* (Jugendlicher) sagt man nur noch *ado*, statt *climatisation* (Klimaanlage) nur noch *clim',* statt *apéritif* nur noch *apéro* und so weiter und so fort. Dadurch wird der französische Redefluss, der schon im Mittelalter durch massiven Buchstabenschwund beschleunigt wurde, ein weiteres Mal schneller.

Bei dieser Entwicklung hat die Erfindung von SMS und Twitter sicher als Katalysator oder «Brandbeschleuniger» gewirkt, aber sehr viele dieser Kürzel gab es bereits vorher.

Wenn eine verkürzte Wortform auf einen Konsonanten endet, wird dieser ausgesprochen, als ob ein «stummes *e*» dahinter stände, wie in *bon app* (guten Appetit). Manchmal wird dieses «virtuelle stumme e» durch einen Apostroph vertreten, um die richtige Aussprache des verkürzten Wortes sicherzustellen (z.B. *assoc'* => Aussprache *assoce*).

In der gepflegteren Unterhaltung und vor allem im schriftlichen Verkehr (außer SMS oder *texto*, wie die Franzosen sagen) sollte man die meisten Wortverkürzungen meiden, wenn man sie nicht bewusst als stilistisches Mittel einsetzen will. Einige ältere Vertreter sind allerdings schon weitgehend akzeptiert und stehen bereits in den Wörterbüchern.

Eine umfangreiche, aber bei Leibe nicht vollständige Liste solcher Wortverkürzungen finden Sie im Anhang 2: «Gängige Wortverkürzungen».

Irgendwann werden viele dieser Verkürzungen als normale Wörter in den offiziellen Wörterbüchern stehen und in der Schule gelehrt werden. Aber wann ist irgendwann?

Verkleidete Abkürzungen

Häufig gebrauchte französische Abkürzungen haben eine Tendenz zur Bildung neuer Wörter. Diese werden meist zunächst nur im Scherz benutzt, aber manche sind bereits in der Presse eifrig im Gebrauch und werden wohl über kurz oder lang als offizielle Wörterbucheinträge enden. Man denke nur an *cédérom* (von *CD-ROM*), énarque (von ENA = *Ecole nationale d'administration*), *érémiste / rmiste* (von *RMI = revenu minimum d'insertion*), pédégé (von *PDG = président directeur général*) und viele andere mehr.

Eine Liste gängiger Beispiele solcher Wortneubildungen finden Sie im Anhang 3: «Verkleidete Abkürzungen».

Elsässer Abkürzungen

Die heutigen Elsässer wachsen entweder zweisprachig französisch-elsässisch oder – immer häufiger – einsprachig französisch auf. Beiden gemeinsam ist aber meist ein etwas harter *accent alsacien*, der auf die Franzosen anderer Gegenden (*«les Français de l'intérieur»*, wie die Elsässer sagen) ungefähr so wirkt wie ein Hochdeutsch sprechender Bayer auf einen Hamburger[204]. Aus diesem Geist geboren sind die Scherzfragen nach folgenden Abkürzungen, mit denen die Franzosen ihr stark auf die Belgier fokussiertes Witzerepertoire geografisch diversifizieren.

204 Ich war schon versucht, den Hamburger durch den Berliner zu ersetzen, aber der kulinarische Treppenwitz wird davon nicht besser. Aber Sie wissen ja, wie ich's meine.

Auf die Fragen *Que veut dire PF?* oder *Que veut dire SP?* würde jeder Franzose und auch dessen Frau wie aus der Pistole geschossen *Pompes funèbres* bzw. *Sapeurs-Pompiers* antworten, denn die Abkürzungen für das staatliche Bestattungsunternehmen und für die Feuerwehr sind allgemein bekannt.

Wenn man aber gerade Ihnen als Nicht-Franzosen diese Fragen stellt, ist das nur ein Test, um zu sehen, ob sie die unweigerlich folgenden Scherzfragen verstehen können: *Que veut dire PF en Alsace?* und dann *Que veut dire SP en Alsace?* Wenn Sie antworten: *PF veut dire «Pon foyage» et SP veut dire «Sa prûle»*, haben Sie alle Lacher auf Ihrer Seite – außer den anwesenden Elsässern ...

Sonstige unernste Abkürzungen

Der französische Abkürzungsfimmel führt natürlich dazu, dass immer wieder irgendwelche Spaßvögel sich nicht ganz ernst gemeinte Abkürzungen ausdenken und verbreiten.

In heiterer Männerrunde kann man schon mal hören: *PPH* für *Passera pas l'hiver* (Überlebt den [nächsten] Winter nicht), was ein scherzhafter bis zynischer Ausdruck ist für «Ist sehr krank», «Ist sehr alt» oder «Sieht echt alt aus».

Im weiteren Verlauf des Abends kann durchaus auch fallen: *VPSC* für *Voit pas ses couilles* (sieht seine Eier nicht), ein auch im Französischen nicht ganz stubenreiner Ausdruck für «Ist ziemlich dick».

Künstlerischer erging es *PTT*, der altbekannten Abkürzung für die inzwischen zerschlagene *Postes, Télégraphes et Télécommunications*. Sie wurde von François-René Duchable 2004 bei den *Pianofolies* (Klavierverrücktheiten) von Colmiane (Alpes-Maritimes) für ein *piano tout terrain* (geländegängiges Klavier) vorgestellt. Das Klavier befand sich auf einem Geländewagen.

Die in Kriegszeiten nicht wirklich lustige Abkürzung *P.C.D.F.* für *pauvre con du front* (armes Schwein von der Front) wurde von niemand Geringerem als Jacques Prévert[205] zu literarischen Ehren erhoben. Je nach Heftigkeit des Humors, der bis zur schwarzen Satire gehen kann, bezeichnet sie entweder den ewigen Schwejk der Kompanie oder den bedauernswerten *bidasse* (Wehrpflichtigen), dessen Eltern keine Beziehungen haben, die ihn vor den Schrecken des Krieges schützen können[206], oder vielleicht auch den Malocher, der die Drecksarbeit an der Front der Werktätigen macht, aber nichts davon hat. Jacques Prévert zitiert in seinem Kapitel *Gravures sur le zinc* (Gravuren auf dem Tresen) folgende Inschrift:

> *Le dernier verre du condamné beaucoup l'ont bu dans les tranchées*
> *Un P.C.D.F.*
> (Das letzte Glas des zum Tode Verurteilten haben viele in den Schützengräben getrunken. Ein armes Schwein von Frontsoldat)

Zur Erinnerung: Normalerweise bezeichnet *con* einen verachtungswürdigen Idioten. *Quel con, çui-là*[207]*! Je le massacrerais!* Aber ein *pauvre con* ist einfach ein armes Schwein, mit dem man nur Mitleid haben kann.

---

205 In *Fatras*.

206 Ich denke da an den makaber-satirischen Film *Le pistonné* über die Kriegsschrecken der Entkolonialisierung Algeriens und Marokkos. Unter *pistonné* versteht man jemanden, der durch Beziehungen eine besonders gute Stellung oder Behandlung erreicht. Der *pistonné* des Films kommt auch heil aus dem Krieg zurück nach Hause, aber im Hof trifft er auf den Sohn des Hausmeisters, der – weil ohne Beziehungen – völlig traumatisiert, irre vor sich hingrinsend und mit einem Bein weniger dasteht. *Un P.C.D.F., quoi.*

207 Diese sehr familiäre, meist nur gesprochene Form für *celui-là* ist weder schul- noch diplomtauglich!

Adjektiv als Adverb

Feststehende Wendungen wie *tenir bon, sentir bon* oder *travailler dur* greifen auf ein alternatives Adverbbildungsmodell zurück, das sich bereits im Latein auszubreiten begann und die Adjektivform des Neutrum Singular als Adverb hernahm. Dieses Modell, das im Rumänischen als einziger romanischer Sprache zur Regel geworden ist, blieb im Französischen immer auf einige wenige Redewendungen beschränkt, die man den heutigen Schülern als «Ausnahmen» präsentiert.

Niemand kann wirklich erklären, warum in den letzten Jahren in Frankreich eine wahre Gier nach diesem alten und halb vergessenen Adverbmodell ausgebrochen ist. Maulfaulheit, ausgerechnet bei den Franzosen? Jeder – nein, natürlich nicht wirklich jeder – ist jetzt nur noch beschäftigt mit *travailler énorme* statt *travailler énormément* und ähnlich Gestaltetem. Diese avantgardistische Entwicklung führt in Schule, Studium und Beruf immer noch zu rufschädigenden Konflikten. Aber verstehen sollten Sie, was da läuft.

Begünstigt wird diese Entwicklung durch die Grauzone, in der schon seit langem solche Wendungen wie *dormir tranquille* oder *attendre peinard* angesiedelt sind, wo der Sprecher (un)bewusst *tranquille* bzw. *peinard* auf das Subjekt statt auf das Prädikat, d.h. das Verb, bezieht und daher das Adjektiv statt des Adverbs nimmt. *Quelqu'un qui dort tranquille <u>est</u> tranquille.*

Vom Ernst der Liebe

Das heutige Adjektiv *grave* bedeutet normalerweise «ernst», doch ist es in den letzten Jahren zu einem Modewort der jüngeren Leute geworden, als welches es jeden Menschen bezeichnen kann, der irgendwie von der Rolle ist. Google findet 32.700.000

Mal die Aussage *Il est grave* und 18.300.000 Mal *Elle est grave*. Nun sollte man daraus keine voreiligen Schlüsse auf den Zustand der französischen Bevölkerung schließen, denn es kann sich ja ein paar Tausend Mal um *un état grave* oder *une situation grave* gehandelt haben. Dazu braucht man nicht von der Rolle zu sein. Aber immerhin, hört, hört!

Das Adjektiv *grave* wird aber neuerdings – ohne entsprechende Endung – auch als Adverb verwendet, das locker mal *énormément* oder Ähnliches ersetzen kann. So in *Je t'aime grave!* (Ich liebe dich ganz toll!) oder in *Il est grave amoureux de moi.* (Er ist wahnsinnig in mich verliebt.) Die Statistik insgesamt spricht allerdings nicht unbedingt für das Land der Liebe[208]. Google findet weltweit nur 489 Mal *Il est grave amoureux de moi*, lediglich 125 Mal *Ils sont grave amoureux* und mickrige 57 Mal *Elle est grave amoureuse de moi.* Männer, merkt euch das! Aber bitte (noch) nicht nachmachen![209]

Zur Erinnerung: Zum Adjektiv *grave* gehört erst einmal das Adverb *gravement* (ernstlich), das fast alle Verwendungen abdeckt, zum Beispiel auch *gravement malade* (schwerkrank). Nur in den Verbindungungen *blesser grièvement* (schwer verletzen) und *grièvement blessé* (schwerverletzt) wird die Form *grièvement* verwendet. Davon haben wir bereits im Kapitel «Adverbien, wirklich und scheinbar unregelmäßige» gesprochen.

Das Kuddelmuddelverb

Im Verb *aller* hat es die französische Sprache fertiggebracht, gleich drei lateinische Verben zu verewigen, nämlich *ambulari* (spaziergehen), *vadere* (gehen) und *ire* (gehen). Dieser schöne Kuddelmuddel (den die Schüler gar nicht schön finden) existiert

208 Oder nicht für die sprachliche Avantgarde.

209 Den Ausdruck, nicht die Liebe!

auch in anderen romanischen Sprachen. Zur Erinnerung für die Freunde des Französischen:

- Von lateinisch *ambulari* stammen *aller, nous allons, vous allez, allons!, allez! allant, j'allais* usw., *je suis allé* usw.
- Von lateinisch *ire* stammen *j'irai, tu iras usw., j'irais, tu irais* usw.
- Von lateinisch *vadere* stammen *je vais, tu vas, il va, ils vont, va!*

Da das Verb *aller* im Alltag sehr oft gebraucht wird, bleiben die Sonderformen gut im Gedächtnis. Daher könnte das Verbengemisch noch lange Zeit weiterbestehen.

Nicht nur das weite semantische Feld des *Gehens* und *Fahrens* wird von *aller* dominiert, sondern es hat sich auch als Formelement für die nahe Zukunft *(futur proche)* in allen Konjugationsmustern des Französischen etabliert – und ist dabei, zumindest in der Umgangssprache die Zukunft überhaupt zu vereinnahmen. Der Unterschied zwischen *je vais réparer ce robinet* (und zwar zeitnah) und *je réparerai ce robinet* (sicher! aber wer weiß, wann?) wird von den Franzosen immer mehr vernachlässigt. Ob das die Diskussionen mit der Ehefrau vermeidet, die auf diese Reparatur wartet?

Abgesang auf die Ligatur *«œ»*

Die Ligatur von *«o»* und *«e»* zu *«œ»* (was man heute mit *o, e dans l'o* buchstabiert) sieht richtig nett aus. Aber haben Sie schon einmal eine E-Mail *(message électronique, courriel*[210]*)* oder SMS *(texto)* mit dieser Ligatur gesehen? Von Twitter ganz zu schweigen? – Eben! Keiner macht sich die Mühe. Wenn sie es

210 Dieses aus *courrier électronique* zusammengebastelte franko-kanadische Wort scheint auch in Frankreich immer mehr Freunde zu gewinnen.

überhaupt könnten. Alle schreiben stattdessen *«oe»*. Haben Sie die Botschaft trotzdem verstanden? Klar! Es geht also genauso gut oder sogar besser ohne. Kann man genauso gut abschaffen. Und irgendwann wird sie wohl gerade wegen der modernen Kommunikationsmittel abgeschafft werden. Zur weiteren Vereinfachung könnte man in einem zweiten Schritt eine Regelung anvisieren, dass man statt *«oeu»* nur noch *«eu»* schreibt. Aber all das ist Zukunftsmusik. Also bitte (noch) nicht in der Schularbeit, der Seminararbeit oder im Bewerbungsschreiben anwenden!

Etymologie – nur für Neugierige

Mit dieser Ligatur wollten unsere gelehrten Etymologiefanatiker wohl daran erinnern, dass an der betreffenden Stelle des lateinischen Ursprungswortes ein *«o»* gestanden hatte. Aber anscheinend wussten die Leute doch nicht wirklich Bescheid ...
Hier sind Beispiele und Gegenbeispiele:

- *ovu(m) > œuf* (Ei), **aber** *novu(m) > neuf* (neu)
- *bove(m) > bœuf* (Rind), **aber** *nove(m) > neuf* (neun)
- *oculu(m) > œil* (Auge), **aber** *oculos > yeux* (Augen)
- *votu(m) > vœu* (Wunsch), **aber** *focu(m) > feu* (Feuer)
- *nodu(m) > nœud* (Knoten), **aber** *coda(m) > queue* (Schwanz), *potest > peut* (kann) und *iocu(m) > jeu* (Spiel)
- *opera(m) > œuvre* (Werk), *operare > œuvrer* (werken, wirken), *manuopera(m) > manœuvre* (Werk), *manuoperare > manœuvrer* (manövrieren), **aber** *proba(m) > preuve* (Beweis)

Fazit: Trau auch Gelehrten nicht blindlings.

Onkel, warum hustest du?

Sicher kennen Sie eine solche Situation, in der ein Redner, Politiker oder Freund irgendein Blabla von sich gibt und ein mehr oder weniger diskretes Räuspern oder Husten anfängt, das zeigt, dass man dem Spuk am liebsten ein Ende bereiten würde. Oder die andere, gar nicht so sehr verschiedene Situation, in der jemand, indem er sich räuspert, darauf aufmerksam machen will, dass man das gerade angeschnittene Thema tunlichst nicht weiterverfolgen sollte. Letzteres nimmt Fernand Raynaud mit seinem humorvollen Sketch *Allô tonton? Pourquoi tu tousses?* auf die Schippe.[211]

Der als Drogenkurier eingesetzte Neffe ruft seinen Onkel *(tonton)* an, um mit ihm seine Schwierigkeiten bei der Zollabfertigung zu besprechen. Da er glaubt, ein harmloses Haushaltsmittel zu transportieren, redet er frisch von der Leber weg, obwohl die anwesenden Polizisten eifrig mithören. Der Onkel ahnt natürlich die Situation und will das Gespräch möglichst unauffällig durch Husten abwürgen. Aber der Neffe kapiert einfach nicht und fragt immer wieder: *Allô tonton? Pourquoi tu tousses?* Die Auskunft des Neffen, dass die Zöllner das transportierte weiße Puder (eine Droge?) analysiert haben, bringt dann den Onkel völlig ins Schwitzen. Als aber herauskommt, dass das Puder nicht nur kein Haushaltsmittel ist, sondern – Puderzucker, verschlägt es dem Onkel die Sprache. Der Neffe wundert sich: *Allô tonton? Pourquoi tu tousses plus?*

Dies alles könnte Ihnen völlig egal sein[212], wenn nicht die Wendung *Pourquoi tu tousses?* wegen des großen Bekanntheitsgrades ihres Autors in aller Munde wäre und auf alle möglichen zweifelhaften Situationen angewandt würde.

211 Mit dem Titel als Suchbegriff finden Sie im Internet Text und Video. Achtung bei Weiter- und Wiedergabe: Autorenrechte könnten verletzt werden!

212 Es wäre allerdings schade! Eine wahre Lachnummer! *A se plier en deux!*

Zukunftsmusik
Bereits heute ist die Frageform mit Inversion von Subjekt und Prädikat wegen ihrer mehr und mehr als gestelzt und schwierig empfundenen Kompliziertheit in der Umgangssprache ein Auslaufmodell. Wer im Freundeskreis oder in der Familie eine (überaus korrekte) Frage wie *Pourquoi ce film ne vous a-t-il pas plu?* stellt, kann sich der Lästerungen aller Anwesenden sicher sein.

Auf dem Vormarsch sind dagegen zwei Alternativen:
- die Frage als Aussageform, nur durch ein Fragepronomen oder die Satzmelodie von letzterer zu unterscheiden, wie im obigen Sketch: *Pourquoi tu tousses?* Oder auch: *Tu viens? Où tu vas? Pourquoi ce film (ne) vous a pas plu?*
- die Einleitung der Frage mit *est-ce que* oder einem Fragewort + *est-ce que*: *Pourquoi est-ce que tu tousses? Est-ce que c'est oui ou non? Où est-ce que tu vas? Pourquoi est-ce que ce film (ne) vous a pas plu?*

Während erstere Alternative bei Lehrern, Snobs, Rednern und Puristen <u>noch</u> als grammatikalisch falsch gilt, wenn der Satz durch ein Fragepronomen eingeleitet wird, kann an letzterer niemand mehr etwas aussetzen, außer dass sie nicht immer die größtmögliche Eleganz ausstrahlt. Da ist ein Stein ins Rollen gekommen, den man nicht aufhalten kann.

Etymologie – nur für Neugierige
Tousser (husten) leitet sich von dem lateinischen Verb *tussire* (husten) ab, ist auch in der Form *tossir* im Altfranzösischen aufgetreten, hat aber dann die Konjugation gewechselt, wodurch es zunächst zu *tosser* und dann zum heutigen *tousser* wurde.

Toux (Husten) kommt vom lateinischen *tusse(m)*, wurde im Altfranzösischen zu *tos* und schließlich *tous*. Dann begann das übliche Drama der Wörter auf *«-us»*. Aber davon haben wir bereits im Kapitel «Wo einem das Französische ein X für ein U vormacht» gesprochen.

Was bleibt

Wie unsere sprachliche Blütensammlung zeigt, teilt das Französische das Schicksal der meisten, vielleicht sogar aller menschlichen Sprachen, sich an der Schnittstelle zwischen gestern und morgen nicht völlig der Gegenwart hingeben zu können, sondern sowohl Altlasten aus einer mehr oder weniger fernen Vergangenheit als auch Anklänge an eine zu erahnende Zukunft in sich zu tragen.

Trotz aller Tendenzen zur Vereinheitlichung, die den Charakter eines Systemzwangs annehmen können, bleiben die sprachlichen Strukturen meist unvollkommen, enthalten Lücken ebenso wie doppelt Gemoppeltes, mehr oder weniger gut assimilierte Anleihen von anderen Sprachen, dräuende Saurier und regelzerstörende avantgardistische Elemente.

Sprachliche Regeln sind ja immer nur ein Versuch, den Ist-Stand der Sprache einzufangen und für eine gewisse Zeit einzufrieren, um innerhalb der Bevölkerung die Kommunikationsfähigkeit zu erhalten. Sie bleiben notgedrungen ebenso unvollkommen wie die Strukturen, die sie abzubilden versuchen. Der Rest sind «Ausnahmen». Dennoch ist der soziale Druck zur fehlerfreien Anwendung des «amtlichen» Standes dieser Regeln groß, und an ihrer Nichtbeachtung ist schon manche Karriere gescheitert.

Mindestens genauso wichtig wie die grammatikalischen Regeln sind jedoch die sozialen Implikationen der Sprache. Jeder Satz transportiert nicht nur eine faktische Aussage, sondern sagt auch viel über den Absender aus (Herkunft, Gefühle, Bildung, sozialer Stand usw.). Er kann mit Wunsch- und Befehlsformen Druck auf den Adressaten ausüben, und er bemüht sich im besten Fall auch, den sozialen oder beruflichen Status des Adressaten, vielleicht sogar dessen Vorlieben oder Gemütszustände zu berücksichtigen. Wer sich an einen Minister, einen Professor, einen Generaldirektor, einen gerade verwitweten Freund oder auch an seine zukünftige Ehefrau mit den gleichen Worten wendet wie an einen Kumpel, mit dem er sich in einer Kneipe trifft, sagt verheerend viel über sich selbst aus und muss unter Umständen unangenehme Konsequenzen tragen.

Auch Besserwisser – im positiven Sinn – werden unablässig ihre Kenntnisse erweitern oder runderneuern müssen, und ich hoffe ihnen dabei etwas geholfen zu haben.

Anhang 1: Späte Danksagungen

Am Ende meiner sprachlichen Ausführungen muss ich noch ein herzliches Dankeschön an zwei Personen loswerden, die unwissentlich aus großer räumlicher und zeitlicher Ferne zur Entstehung dieses Buchs beigetragen haben.

Mein besonderer Dank gilt da dem schweizerischen Romanisten Kurt Baldinger, der mir schon in den neunzehnhundertsechziger Jahren (Mensch, ist das lange her!) als Professor am Romanischen Seminar der Universität Heidelberg einen virulenten *Virus historicofrancophilus* eingeimpft hat, den ich zum Glück nie wieder losgeworden bin.

Diese Infektion wurde dankenswerterweise sehr verstärkt von dem viel zu früh verstorbenen Charles Balez, dem Hauswirt unserer Studentenbude in Aix-en-Provence, Volksschullehrer von Gottes Gnaden und spätberufenen Förderer der provenzalischen Sprache. Von ihm stammte der liebevoll zitierte Ausspruch «Ils sont fous, ces Allemands!» Damit wollte er zwei Dinge sagen: Erstens staunte er darüber, dass es ausgerechnet Deutsche waren (darunter ich), die sich intensiv um seine okzitanische Muttersprache kümmerten; das hat ihn dazu angestachelt, sich zum Provenzalisch-Lehrer ausbilden zu lassen und mit diesem Rüstzeug schulisch tätig zu werden. Zweitens fand er es irre, dass unsere versammelte deutsch-französische Studentenclique mehrmals bei Vollmond um Mitternacht von unserer Bude aus aufbrach, um nach 13 km Fußmarsch die Sainte-Victoire über den Pas du Berger zu erklimmen und nach einer auf 1000 m Höhe durchfrorenen zweiten Nachthälfte den Sonnenaufgang zu erleben – und dann wieder 13 km zu Fuß zurückzutigern. Da musste er uns einfach mit einer Flasche Rotwein und ein paar landestypischen Leckereien unterstützen!

Dass all dies ein paar Jahre später zu unserer deutsch-französischen Ehe, drei zweisprachigen Kindern und einem mal im einen, mal im anderen Land stattfindenden Leben und dem vorliegenden Buch als Spätfolge führen würde, konnte damals niemand ahnen.

Anhang 2: Abkürzungen

Diese Liste gängiger französischer Wortverkürzungen erhebt keinerlei Anspruch auf Vollständigkeit. Eine ständig gepflegte und erweiterte Liste finden Sie auf www.verbalissimo.com. Klicken Sie dort nacheinander auf *Deutsch > Themenkreise > Sprachen nach dem Turmbau zu Babel > Romanische Sprachen > Französisch > Französische Abkürzungen (Wortverkürzungen).*

Kürzel	Volles Wort	Deutsche Übersetzung, Anmerkungen, Beispiele
à perpète	à perpétuité	auf Dauer, auf ewig, lebenslänglich
a+ (à plus)	à plus tard	bis bald **Anmerkung:** Kommt von der SMS-Mode
acro adj.	acrobatique adj.	akrobatisch **Anmerkung:** Während der olympischen Winterspiele 2006 in Turin führten z. B. alle frz. Journalisten ständig *ski acro* im Munde.
actu f.	actualité f.	Aktualität **Beispiel:** *les actus* (die Nachrichten)
ado m.	adolescent m.	Jugendliche(r)
agglo f.	communauté d'agglomération	Großraumgemeinschaft, Ballungsraumverbund, Gemeindeverbund **Beispiel:** *agglo strasbourgeoise* (Gemeindeverbund Straßburg)
alloc f.	allocation f.	Beihilfe, Zuwendung, Unterstützung(sgeld)
apéro m.	apéritif m.	Aperitif
aspi m.	aspirateur m.	Staubsauger
assoc' f.	association f.	Verein(igung)
bénef m.	bénéfice m.	Gewinn **Beispiel:** *faire du bénef avec qc.* (etw. mit Gewinn betreiben)
biclou m.	bicyclette f.	Fahrrad
Bon app!	Bon appétit!	Guten Appetit!
cata f.	catastrophe f.	**Beispiel:** *Si tu fais ça, ça va être la cata!* (Wenn du das machst, wird das eine Katastrophe!)
chimio f.	chimiothérapie f.	Chemotherapie
chrono m.	chronomètre m.	Chronometer, (eine etwas besondere) Uhr

ciné m.	cinéma m.	Kino
claustro f.	claustrophobie f.	Platzangst **Beispiel:** *Je ne vais plus dans les grottes parce que je fais de la claustro.* (Ich gehe nicht mehr in Höhlen, weil ich Platzangst habe.)
clim' f.	climatisation f.	Klimaanlage
colo f.	colonie (de vacances) f.	Ferienlager **Beispiel:** *mettre ses enfants en colo* (seine Kinder in ein Ferienlager schicken)
comme d'hab	comme d'habitude	wie gewöhnlich, wie immer
compète	compétition	Wettbewerb, Wettkampf Man findet im Internet auch: *compet*, *compét*, *compèt'*. **Beispiel:** *taureau de compète* (Kampfstier)
compo f.	composition	Aufsatz, Klassenarbeit
conge m. / congel m.	congélateur m.	Tiefkühler
conso f.	consommation f.	Konsum, Verzehr, Getränk **Anmerkung:** Letztens in Tours gelesene Werbung einer Kneipe: *-0,50 euros sur toutes les consos* (50 Cents Ermäßigung auf jedes Getränk)
cubi m.	cubitainer m.	Cubitainer, Karton
déco f.	décoration f.	Dekoration, Verzierung
diapo f.	diapositive f.	Dia
doc f.	documentation f.	Dokumentation
écolo adj.	écologique adj.	ökologisch, umweltverträglich
écolo m./f.	écologiste m./f.	Umweltschützer, Grüner **Anmerkung:** Es gibt auch den Begriff *vert* (Grüner).
expo f.	exposition f.	Ausstellung
fac f.	faculté f.	Uni (eigentlich: Fakultät)
faire la grasse mat'	faire la grasse matinée	(lange) ausschlafen
fana adj., m./f.	fanatique adj., m./f.	Fan, großer Liebhaber [nicht im sexuellen Sinn]
frigo m.	frigidaire m.	Kühlschrank **Anmerkung:** *Frigidaire* ist eigentlich ein Markenname, hat aber das korrekte Wort *réfrigérateur* in der Umgangssprache weitgehend verdrängt.
géo f.	géographie f.	Erdkunde, Geografie
gym f.	gymnastique f.	Turnen

gynéco m./f.	gynécologue m./f.	Gynäkologe, -in, Frauenarzt, -ärztin
handi m.	handicap m.	Behinderung **Anmerkung:** Lt. *Le Monde* vom 18.11.08 gibt es an der Universität Paris VIII jetzt einen Studienabschluss *master Handi.*
handi-	de personnes handicapées, pour les personnes handicapées, etc.	behinderten- **Anmerkung:** Man findet diesen Ausdruck neuerdings in der Presse als ersten Teil von zusammengesetzten Ausdrücken, die sich auf Behinderte beziehen. So schrieb *Le Monde Emploi* am 18.11.08 in folgender Weise, dass die Personalabteilungen der Unternehmen und des Öffentlichen Dienstes behindertenfreundlich werden wollten: *Les DRH veulent se montrer «handi-accueillants».* Der hier angewandte Typ der Wortzusammensetzung geht wohl auf ein germanisches (englisches?) Modell zurück. Noch setzt *Le Monde* ihn in Anführungszeichen, aber wenn der Damm mal gebrochen ist ...
hosto m.	hôpital m.	Krankenhaus
impro f.	improvisation f.	Improvisation
info f.	information f.	Information, Info
instit' m./f.	instituteur m. / institutrice f.	Grundschullehrer/in
interro f.	interrogation f.	Abfragen, Abhören (in der Schule)
kiné m./f.	kinésithérapeute m./f.; kinésithérapie f.	Krankengymnast(in); Krankengymnastik
maths f.pl.	mathématiques f.pl.	Mathematik, Rechnen
max m./ adj.	maximum m./ (maximal) adj.	Maximum, Höchstes / maximal, höchstens **Anmerkung:** *Maximum* wird oft statt *maximal* auch als Adjektiv gebraucht.
météo f.	météorologie f.	Meteorologie; Wettervorhersage
micro m.	microphone m.	Mikrophon
moit'-moit'	moitié-moitié	Halbe-Halbe
moto f.	motocyclette f.	Motorrad
muscu f.	musculation f.	Krafttraining
ophtalmo m./f.	ophtalmologue m./f.	Augenarzt, -ärztin
ordi m.	ordinateur m.	Computer, Rechner
oto-rhino m./f.	oto-rhino-laryngologiste m./f.	Hals-Nasen-Ohren-, HNO-Arzt, -ärztin

parano adj.	paranoïaque adj.	paranoid
perm f.	permission f.	Urlaub vom (Militär-)Dienst
perso adj.	personnel adj.	persönlich **Beispiel:** *pages perso* (eigene/persönliche Internet-Seiten)
philo f.	philosophie f.	Philosophie (als Schulfach oder Studienrichtung)
photo f.	photographie f.	Foto
polio f.	poliomyélite f.	(spinale) Kinderlähmung
porno f.	pornographie f.	Porno(grafie)
porno adj.	pornographique adj.	porno(grafisch) **Beispiel:** *film porno* (Pornofilm)
prépa f.	préparation f.	Vorbereitung(skurs)
prio f.	priorité f.	Vorrang, Vorfahrt
pro adj.	professionel adj.	professionell, berufsmäßig, gewerbsmäßig **Anmerkung:** Kommt auch als substantiviertes Adjektiv vor: *un / une pro* (ein Profi).
prof m./f.	professeur m.	Lehrer/in (an höheren Schulen) **Achtung:** Das Normalwort ist immer männlich! Offizielle Anrede einer Lehrerin: *Madame le professeur*. Offizielle Bezeichnung einer Lehrerin: *une femme professeur*
proprio m./f.	propriétaire m./f.	Eigentümer(in), Vermieter(in)
psy m./f.	psychologue m./f.	Psychologe, -in
pub f.	publicité f.	Werbung
quad m.	quadricycle m.	Vierrad **Anmerkung:** Aus dem Amerikanischen; neues Modesportgerät, auch ziviles und militärisches Fortbewegungsmittel.
radio f.	radiographie f.	Röntgen(aufnahme)
récup f.	récupération f.	Wiederverwertung, Recycling; Wertstoffhof **Beispiel:** *J'ai porté la vieille télé à la récup.* (Ich habe den alten Fernseher zum Wertstoffhof gebracht.) **Anmerkung:** Wer so redet, ist in Frankreich schon fast ein *écolo*, denn die offizielle Bezeichnung für den frz. Wertstoffhof ist leider *déchetterie* (Abfallhof), was dem Wiederverwertungsgedanken nicht gerade förderlich ist.
réglo adj.	réglementaire adj.	korrekt, ordnungsgemäß, in Ordnung
restau m.	restaurant m.	Kantine
restau u m.	restaurant universitaire m.	Mensa

sana m.	sanatorium m.	Sanatorium
sciences nat f.pl.	sciences naturelles f.pl.	Naturwissenschaft
sciences po f.pl.	sciences politiques f.pl.	Politikwissenschaft
sécu f.	sécurité sociale f.	Sozialversicherung, Krankenversicherung
sensasse adj.	sensationnel adj.	sensationell
sono f.	sonorisation f.	Vertonung, Beschallung, Lautsprecheranlage, Verstärkeranlage
soutif m.	soutiens-gorge m.	Büstenhalter, BH
spéléo f.	spéléologie f.	Höhlenkunde; Höhlenerkundung **Beispiel:** *Jacques fait de la spéléo.* (Jacques klettert [immer wieder, hobbymäßig, studien- oder berufsbedingt] in Höhlen.)
sténo f.	sténographie f.	Stenografie, Kurzschrift
stylo m.	stylographe m.	Füll(federhalt)er; Kuli **Beispiel:** *écrire au stylo* (mit dem Kuli schreiben)
sup adj.	supplémentaire adj.	zusätzlich **Beispiel:** *heures sup* (Überstunden)
sympa adj.	sympathique adj.	sympathisch
télé f.	télévision f.	Fernsehen
vélo m.	vélocipède m.	Fahrrad **Anmerkung:** Das unabgekürzte französische Ursprungswort ist heute völlig ungebräuchlich.
vérif f.	vérification f.	Prüfung, Nach-, Überprüfung
véto m./f.	vétérinaire m./f.	Tierarzt, -ärztin

Anhang 3: Verkleidete Abkürzungen

Die folgende Liste erhebt keinerlei Anspruch auf Vollständigkeit. Eine ständig gepflegte und erweiterte Liste finden Sie auf www.verbalissimo.com. Klicken Sie dort nacheinander auf *Deutsch > Themenkreise > Sprachen nach dem Turmbau zu Babel > Romanische Sprachen > Französisch > Französische Abkürzungen (Verkleidete Abkürzungen)*.

Wort	Grundlage	Bedeutung, Anmerkungen
capésien / capésienne	CAPES = certificat d'aptitude professionnelle à l'enseigenement secondaire	CAPES-Absolvent(in) Anmerkung: Das CAPES entspricht in etwa dem zweiten Staatsexamen deutscher Gymnasiallehrer.
cédérom	CD-ROM [engl.]	Frz. Aussprache der Abkürzung von «compact disk – read-only memory» (Kompaktplatte – Speicher nur zum Lesen)
énarque	ENA = Ecole nationale d'administration	Absolvent der Eliteschule ENA
érémiste	RMI = revenu minimum d'insertion	Bezieher des Mindesteinkommens für Arbeitslose, siehe auch *Rmiste*.
gestapiste	Gestapo [deutsch] = Geheime Staatspolizei	Angehörige(r) der Geheimen Staatspolizei des Deutschen Reiches; auch adjektivisch gebraucht, z. B. mentalité gestapiste (Gestapo-Mentalität [so gelesen in der frz. Ausgabe von Wladyslaw Szpilman, Der Pianist]).
ipésien(ne)	IPES = Indicateurs pour le Pilotage des Etablissements Secondaires	Jemand, der unter IPES-Bedingungen studiert (hat)
pédégé	PDG = président-directeur général	Generaldirektor
Rmiste	RMI = revenu minimum d'insertion	Bezieher des Mindesteinkommens für Arbeitslose, Aussprache und Bedeutung wie *érémiste*.

Anhang 4: Französisches «g» und germanisches «w»

Die folgende Liste zeigt Wortbeispiele für die mögliche Übereinstimmung von französischem *«g»* und germanischen *«w»*.[213]

Französisch	Herkunft	Anmerkungen
gagner (verdienen, gewinnen), davon abgeleitet: *gain* (Verdienst, Gewinn)	frk. **waidanjan*	Vgl. deutsch *weiden*; Im Mittelalter gab es also einen engen Zusammenhang zwischen Weidevieh und Vermögen.
garant (Beweis, Zeuge), davon abgeleitet: *garantie* (Garantie, Gewährleistung), *garantir* (garantieren, gewährleisten)	frk. **warant*	Vgl. englisch *warrant*
garder (hüten, bewahren)	frk. **wardôn*	Vgl. deutsch *warten*, *Wärter*
gâteau (Kuchen)	frk. **wastil* (Nahrung) < frk. **wahs* (Wachs)	Vgl. deutsch *wachsen*
gâter (verderben)	frk. **wôsti* x lat. *vastare*	Vgl. deutsch *Wüste, verwüsten*
Gaule / gaulois	frk. **walha* (Gallier)	Vgl. deutsch *welsch*
gué (Furt)	frk. **wad* x lat. *vadu(m)*	Vgl. deutsch *Wade*
guêpe (Wespe)	lat. *vespa* x frk. **waspa*	Vgl. deutsch *Wespe*
guère (kaum)	frk. **waigaro*	
guérir (heilen)	frk. **warjan*	Vgl. deutsch *(be)wahren*
guerre (Krieg), davon abgeleitet: *guerrier* (Krieger), *guerroyer* (Krieg führen)	frk. *werra*	Vgl. deutsch *Wirren*

213 Nach ROBERT und DAUZAT. In der Tabelle gebrauchte Abkürzungen: frk. = fränkisch, lat. = lateinisch, nördl. = nördliches Germanisch, x = gekreuzt mit.

guet (Wacht, Wächter), davon abgeleitet: *guetter* (auflauern, Ausschau halten, die Wacht halten), *guetteur* (Wächter)	frk. **wahtôn*	Vgl. deutsch *Wacht*
gui (Mistel)	lat. *viscu(m)* x frk. **wihsila*	Vgl. deutsch *Weichselkirsche*
guichet (Schalter, Türchen)	nördl. *wik* (Bucht, Zuflucht, Unterschlupf) + lat. *-ittu*	Unsichere Herkunft, vielleicht beeinflusst von altfranzösisch *uisset* (Türchen).
Guillaume		Vgl. deutsch *Wilhelm*
guillemets (frz. Anführungszeichen)	*Guillaume*	Vermutlich Diminutiv des (Vor-)Namens des Buchdruckers, der diese Zeichen erfunden hat.
Guy	lat. *vitus*	Vgl. deutsch *Veit*; Aber woher das «*Gu*»?
guise (Art und Weise), davon abgeleitet: *déguiser* (verkleiden)	frk. **wisa*	Vgl. deutsch *Weise*

Anhang 5: Denkmäler verdrängter Wörter

Hier finden Sie Beispiele lateinischer Wörter, die in der Sprachgeschichte von einem anderen Wort verdrängt wurden, aber in bestimmten Ausdrücken dennoch am Leben sind. Die Liste erhebt keinen Anspruch auf Vollständigkeit.

Lateinisch	**Verdränger**	**Denkmäler**
aequus (gleich)	*égal, pareil, semblable*	*équitable* (gerecht) *équité* (gerechte Verteilung, Angemessenheit)
agricola (Bauer)	agriculteur, paysan	*agricole* (landwirtschaftlich) *agriculture* (Landwirtschaft)
ancilla (Magd)	servante	*amours ancillaires* (Liebschaften mit Dienstmädchen) *matériel ancillaire* (Hilfsmittel, Behelfsmaterial)
ascendere (aufsteigen)	*monter*	*ascendant* (aufsteigend) *ascenseur* (Aufzug) *ascension* (Aufstieg, Himmelfahrt)
casa (Haus)	*maison*	*chez* (bei ... zuhause, zu ... nachhause)
delere (zerstören)	*détruire*	*indélébile* (dauerhaft, unauslöschlich)
equus (Pferd)	*cheval*	*équitation* (Reitsport) *équestre* (reitsportlich, Reit-, Reiter-)
faber (Handwerker)	*artisan*	*orfèvre* (Goldschmied) *fabrication* (Herstellung) *fabriquant* (Hersteller) *fabrique* (Fabrik, Machart) *fabriquer* (machen, herstellen)
ira (Zorn, Wut)	*colère*	*irascible* (leicht erzürnbar, aufbrausend) *ire* (Zorn [nur noch literarisch])
ire (gehen)	*aller*	Futur und Konditional von *aller*: *j'irai* (ich werde gehen), *j'irais* (ich würde gehen)
loqui (sprechen)	*parler*	*allocution* (Ansprache) *élocution* (Aussprache) *éloquence* (Redegewandtheit) *éloquent* (redegewandt) *interlocutaire* (Gesprächspartner) *locution* (Redensart)

magnus (groß)	*grand*	*Charlemagne* (Karl d. Gr.) *magnanime* (großmütig) Ortsbezeichnungen wie *Tourmagne* (Großer Turm)
os (Mund)	*bouche*	*orifice* (Öffnung)
ostium (Tor)	*porte*	*à huis clos* (hinter verschlossenen Türen) *huissier* (Amtsdiener, Gerichtsvollzieher)
scire (wissen)	*savoir*	*science* (Wissenschaft) *scientifique* (wissenschaftlich) *à bon / mauvais escient* (zu Recht / zu Unrecht)
vadere (gehen)	*aller*	Einige Präsensformen von *aller*: *je vais*, *tu vas*, *il va*, *ils vont* (ich gehe usw.) Imperativ Singular von *aller*: *va!* (geh!)

Anhang 6: Männliche Substantive auf «-age»

Diese Substantive sind entweder Kollektiva (Sammelbegriffe) oder deverbale Bildungen mit dem Ableitungssuffix *«-age»*. Es gibt sie zu Hauf, und täglich können neue gebildet werden.[214]

Französisch	Herkunft	Deutsch	Anmerkungen
bagage m.	Sammelbegriff für *bagues* f.pl.	Gepäck n.	Nicht deutsch *Bagage*!
balisage m.	*balise* f.	Markieren n., Markierung f., Befeuern n.	
bourrage m.	*bourrer* v.	Füllen n., Stopfen n., Vollstopfen	
bronzage m.	*bronzer* v.	Bräunung f.	
cerclage m.	*cercler* v.	Cerclage f.	
chauffage m.	*chauffer* v.	Heizung f.	
chômage m.	*chômer* v.	Arbeitslosigkeit f.	
compostage m.	*composter* v.	Abstempeln n., Entwertung f.	Bei der frz. Bahn.
comptage m.	*compter* v.	Zählung f.	
courage m.	*cœur* m.	Mut m.	Bis ins 17. Jahrhundert bedeuteten *cœur* und *courage* dasselbe, nämlich Herz.
courtage m.	*courtier* m.	Maklergeschäft, Maklergebühr	
déballage m.	*déballer* v.	Auspacken n.	
éclairage m.	*éclairer* v.	Beleuchtung f.	
élagage m.	*élaguer* v.	Entastung f.	Baumpflege
emballage m.	*emballer* v.	Einpacken n., Verpackung f.	

214 Überlassen Sie die Neubildung solcher Wörter aber bitte den Franzosen. Ich sage Ihnen auf Grund eigener leidvoller Erfahrung, dass man da sehr schnell so was von daneben liegen kann!

éssorage m.	*éssorer* v.	Trockenschleudern n.	In der Waschmaschine
feuillage m.	*feuilles* f.pl.	Blätter n.pl., Laub n.	
garage m.	*garer* v.	Parken n.	
halage m.	*haler* v.	Treideln n.	
lavage m.	*laver* v.	Waschen n.	
orage m.	Sammelbegriff für afrz. *ore* < lat. *aura* (Lufthauch)	Gewitter n.	
plombage m.	*plomber* v.	Plombierung f.	
ramage m.	Sammelbegriff für afrz. *ram* oder *raim* (Zweig)	Zweige m.pl., Geäst n.	Von afrz. *ram* oder *raim* stammt auch afrz. *ramel* > nfrz. *rameau* (Zweig) ab.
séchage m.	*sécher* v.	Trocknung f.	
visage m.	Sammelbegriff für afrz. *vis* (Gesicht) < lat. *visu(m)* (Sehkraft, Sicht)	Gesicht m.	
zingage m.	*zinguer* v.	Verzinkung f.	

Anhang 7: Verwendete Abkürzungen und Fachbegriffe

Leider geht es nicht immer ohne Abkürzungen, wenn man den Umfang eines Buches oder auch nur einer Tabelle überschaubar halten will. Und wer kann schon immer alle Begriffe des Fachchinesischen parat haben! Zumal sich das deutsche Bildungssystem beim Sprachunterricht den Luxus leistet, neben der deutschen Terminologie eine am Latein orientierte, also nur mäßig aufs Deutsche oder Französische passende Parallelterminologie zu erhalten. Die folgende Tabelle soll versuchen, da etwas Klarheit zu schaffen.

Abkürzung / Begriff	**Erläuterung**
*…	Wortformen mit einem Sternchen am Anfang sind entweder nicht schriftlich belegte Formen aus der Vergangenheit oder potenziell mögliche Formen für die Zukunft.
/…/	Wortformen zwischen Schrägstrichen geben einen Eindruck von der Aussprache wieder, indem sie annähernd so geschrieben sind, wie sie bei französischer Schreibweise ausgesprochen werden.
Ablativ	Fünfter Fall der lateinischen Sprache, steht nach Präpositionen oder auch allein (Ablativus absolutus). Im Französischen nur noch in meist verkannten Resten vorhanden.
adj.	Adjektivisch, Adjektiv
Adjektiv	Eigenschaftswort. Beispiele: *grand, petit, bon.*
adv.	Adverbial, Adverb
Adverb	Umstandswort. Beispiele: *fréquemment, grandement, bien, tôt, tard, près, loin.*
afr.	altfranzösisch
afrk.	alt(nieder)fränkisch
Akkusativ	Vierter oder Wen-Fall, im modernen Französisch formal nicht vom Nominativ zu unterscheiden. Wird in modernen französischen Grammatiken meist nur noch nach seiner Funktion im Satz benannt: *objet direct.*

afrz.	altfranzösisch
Artikel	Vorwort, Geschlechtswort, Begleiter. Bestimmter Artikel: *le*, *la*, *les*. Im Französischen oft mit einer Präposition zu einem einzigen Wort verschmolzen: *au*, *aux*, *du*, *des*. Unbestimmter Artikel: *un*, *une*. Teilungsartikel: *(à) du*, *(à) de la*, *(à) des*, entfällt nach der Präposition *de*.
Dativ	Dritter oder Wem-Fall. Beispiele: *à la dame, au monsieur, aux enfants*. Wird in modernen französischen Grammatiken meist nur noch nach seiner Funktion im Satz benannt: *objet indirect*. Dadurch kommt er allerdings mit den präpositionalen Objekten in Konflikt (Beispiel: *penser à quelqu'un*).
Demonstrativpronomen	Hinweisendes Fürwort. Beispiele: *c'est, ce chien, cet homme, cette femme, ces fleurs*.
Determinativpronomen	Auf einen Relativsatz hinweisendes Fürwort. Beispiele: *ce qui, ce que*.
deverbal	Von einem Verb abgeleitet
dt.	deutsch
f.	feminin, weiblich
frk.	fränkisch
Futur	Zukunft. Beispiele: *je partirai*, *tu te plaindras*, *ils seront*.
Futur proche	Nahe Zukunft. Beispiele: *je vais partir*, *tu vas te plaindre*, *ils vont être mécontents*.
Genitiv (oder Genetiv)	Zweiter, Wes-Fall, oft Besitzanzeige. Wird in modernen französischen Grammatiken meist nur noch nach seiner aktuellen Funktion im Satz benannt: *complément de nom*, *complément du verbe*.
Hyperkorrektheit	Wenn man aus dem Bestreben heraus, etwas Korrektes zu sagen oder zu schreiben, einen Fehler macht, nennt man das eine Hyperkorrektheit. Besonders ärgerlich ist es, wenn das Sprachwissenschaftlern passiert, denn so entstehen – und entstanden – sogenannte Ausnahmen, die zu Recht sinnlos erscheinen.
Imperfekt	Einfache Vergangenheit. Beispiele: *j'allais*, *il parlait*, *nous étions*.
Interrogativpronomen	Fragewort
Kardinalzahl	Grundzahl: *un*, *deux*, *trois* usw.
lat.	lateinisch
Ligatur	Verbindung meist zweier Buchstaben zu einem einzigen Zeichen, z. B. - o + e = œ (immer noch aktuell) - u + s = x (war im Mittelalter gebräuchlich)
m.	maskulin, männlich
n.	neutral, neutrum, sächlich
nfr.	neufranzösisch

Nomen (Pl. Nomina)	deklinierbares Wort (Substantiv, Adjektiv, Pronomen einschließlich Zahlwort)
Nominativ	Erster oder Wer-Fall. Bildet das Subjekt des Satzes ab.
nördl.	nördliches Germanisch
Numerale (Pl. Numeralia)	Zahlwort. Beispiele: *un*, *deux*, *trois*, *premier*, *deuxième*, *troisième*, *maint*.
Objekt	Satzergänzung
Ordinalzahl	Ordnungszahl: *premier*, *deuxième / second*, *troisième* usw.
Partizip	Mittelwort. Beispiele: *allant*, *courant*; *battu*, *chanté*.
Perfekt	War im Latein die Zeit der historischen Vergangenheit, wurde im Deutschen als latinisierender Ausdruck für die Vorgegenwart genommen, existiert im Französischen (wo es *parfait* heißen müsste) eigentlich nur noch im Ausdruck *plus-que-parfait* und wurde ansonsten durch *passé* (*simple*, *antérieur* und *composé*) ersetzt, was sinnvoll war, weil die französischen Zeiten der Vergangenheit funktional von den lateinischen abweichen.
pl.	Plural, Mehrzahl
Prädikat	Satzaussage. Beispiele: *Il est bête. Nous travaillons.*
Präsens	Gegenwart
Präposition	Verhältniswort. Beispiele: *à, contre, de, par, pour.*
Pronomen (Pl. Pronomina)	Ursprünglich, d. h. im Latein, war das ein Wort, das für ein Nomen stehen konnte, doch ist die Klassifizierung heute zwischen den einzelnen Sprachen strittig. Zum Beispiel zählen Possessivpronomina und Numeralia im Deutschen zu den Pronomina, im Französischen dagegen zu den Adjektiven.
Relativpronomen	Bezügliches Fürwort. Beispiele: *qui / que, lequel / laquelle.*
Relativsatz	Ein von einem Relativpronomen eingeleiteter Nebensatz.
s.	substantivisch, Substantiv
sg.	Singular, Einzahl
Struktur	Unter dieser bei menschlichen Sprachen ganz typischen Erscheinung versteht man die Herausbildung unvollständiger, also nicht zu Ende entwickelter Einheitlichkeiten. Beispiel: In der französischen Umgangssprache wurden (bisher) bei den meisten Verben alle Personalendungen im Präsens und im Imperfekt lautlich zu einer einzigen gemacht – außer der 2. Person Plural. Die Ausnahmen, Redundanzen und Lücken unterscheiden eine Struktur von einem System.
Subjekt	Satzgegenstand
Substantiv	Haupt-, Dingwort. Beispiele: *chose, tour, voyage.*

Systemzwang	Die häufige Tendenz sprachlicher Strukturen, entweder allein oder mit funktional und/oder lautlich benachbarten Strukturen ein sich immer weiter ausbreitendes, in sich (mehr oder weniger) einheitliches System zu bilden. Typischerweise bleibt auch das Ergebnis dieser vereinheitlichenden Entwicklung meist unvollständig, also eine bloße Struktur. Anwendungsbeispiel: Im Französischen werden gerade, d. h. seit einigen Jahrhunderten, die Personalendungen der Verben vereinheitlicht, aber eben nicht vollständig.
v.	verbal, Verb
Verb	Zeitwort, Tunwort. Beispiele: *boire, être, savoir.*
Vokativ	Anrufungsfall. Im Französischen nur noch in meist verkannten Resten vorhanden.
x	gekreuzt mit
Zwei-Fälle-System	Deklinationssystem des Altfranzösischen mit nur zwei Fällen, dem *casus rectus* für Subjekt und Anrede sowie dem *casus obliquus* für alle anderen Rollen im Satz.

Anhang 8: Literatur

Die folgende Liste soll Sie zu einigen Büchern führen, die mir bei der Beschäftigung mit den Merkwürdigkeiten der französischen Sprache von Nutzen war.

Autor(en)	Titel	Referenz
Bâ, Amadou Hampâté	Amkoullel, l'enfant peul	BA
Brunot, Ferdinand & Bruneau, Charles	Précis de grammaire historique de la langue française	BRUNOT
Charaudeau, Patrick	Grammaire du sens et de l'expression	CHARAUDEAU
Dauzat, Albert & Dubois, Jean & Mitterand, Henri	Nouveau dictionnaire étymologique	DAUZAT
Devoto, Giacomo	Avviamento alla etimologia italiana	DEVOTO
de Saussure, Ferdinand	Grundfragen der Allgemeinen Sprachwissenschaft	DE SAUSSURE
Deutscher, Guy	The Unfolding of Language (Du Jane, ich Goethe – eine Geschichte der Sprache)	DEUTSCHER
Diwo, Jean	La Fontainière du Roy	DIWO
Eco, Umberto	Alla ricerca della lingua perfetta (Auf der Suche nach der idealen Sprache)	ECO
Ende, Michael	Die unendliche Geschichte	ENDE
Etiemble, René	Parlez-vous franglais?	ETIEMBLE
Foerster, Wendelin	Wörterbuch zu Kristian von Troyes' sämtlichen Werken	FOERSTER
Georges, Karl-Ernst	Ausführliches Handwörterbuch Deutsch-Lateinisch, Lateinisch-Deutsch 11. Auflage von Heinrich Georges	GEORGES
Guiraud, Pierre	L'ancien français	GUIRAUD
Guiraud, Pierre	Le moyen français	GUIRAUD2
Kövary, Georg	Ein Ungar kommt selten allein	KÖVARY
Larousse	Petit Larousse en couleurs	LAROUSSE
Colin, Jean-Paul & Mével, Jean-Pierre & Leclère, Christian	Dictionnaire de l'argot français et de ses origines	COLIN

Le Robert (directeur)	Dictionnaire historique de la langue française (2 Bände)	ROBERT
LeRoy, Eugène	Jacquou le croquant	LEROY
Monty Python	Das Leben des Bryan	PYTHON
Orsa Maggiore Editrice	Grande dizionario enciclopedico della lingua italiana	ORSA
Pianigiani, Ottorino	Vocabolario etimologico	PIANIGIANI
PONS	Wörterbuch für die berufliche Praxis Französisch-Deutsch, Deutsch-Französisch	PONS
Quitard, Pierre-Marie	Dictionnaire étymologique, historique et anecdotique des proverbes et des locutions proverbiales de la langue française	QUITARD
Reumuth, Wolfgang & Winkelmann, Otto	Praktische Grammatik der französischen Sprache	REUMUTH
Rheinfelder, Hans	Altfranzösische Grammatik (2 Bände), 1. Teil: Lautlehre, 2. Teil: Formenlehre	RHEINFELDER
Rohlfs, Gerhard	Vom Vulgärlatein zum Altfranzösischen	ROHLFS
Voretzsch, Karl (neu bearbeitet von Rohlfs, Gerhard)	Einführung in das Studium der altfranzösischen Sprache	VORETZSCH
Wahrig, Gerhard	Deutsches Wörterbuch	WAHRIG
Walter, Henriette	Honni soit qui mal y pense, l'incroyable histoire d'amour entre le français et l'anglais	WALTER
Whorf, Benjamin Lee	Sprache, Denken, Wirklichkeit	WHORF

Anhang 9: Internet-Referenzen

Die folgende Liste soll Sie zu einigen Internet-Auftritten führen, die mir beim Schreiben dieses Buches hilfreich waren.

de.wikipedia.org	Die deutsche Wikipedia
deacademic.com	Universallexikon
en.wikipedia.org	Die englische Wikipedia
es.wikipedia.org	Die spanische Wikipedia
fr.wikipedia.org	Die französische Wikipedia
fr.wiktionary.org	Das Wörterbuch der französischen Wikipedia
french.about.com	Französisch für Englischsprechende
pt.wikipedia.org	Die portugiesische Wikipedia
www.expressio.fr	Hier wird jeden Tag die Bedeutung und Herkunft einer französischen Redewendung erklärt (auf Französisch). Alle bereits erklärten Wendungen stehen weiter zur Verfügung.
www.histariege.com	Histoire et Patrimoine de l'Ariège
www.jdlf.com	Familienauftritt mit allem über Jean de la Fontaine
www.pourquois.com	Der Auftritt für Fragen und Antworten (auf Französisch), mit einer Rubrik «Expressions et Dictons» (unter «Bla Bla»)

Mich selbst finden Sie im Netz unter folgenden Adressen:

http://www.verbalissimo.com	Mein Internet-Auftritt für Sprachen, Literaturen, Kulturen, Länder und Leute.
http://www.blog.verbalissimo.com	Der Blog zu meinem Internet-Auftritt
https://www.facebook.com/hansrudolf.hower	Mein Facebook-Auftritt

Ich werde versuchen, alle Ihre Zuschriften zu beantworten.

Anhang 10: Register

Hier werden alle thematisch wichtigen Stellen des Buchtextes mit ihrer Seitenzahl aufgelistet, nicht jedoch die in den vorherigen Anhängen zu findenden Begriffe.

B

C

D

G

H

T